谨以此书献给中华人民共和国七十五华诞！

扎根的力量

“灿若星辰浙大人”之社会服务篇

“灿若星辰浙大人”丛书编委会　编

ZHEJIANG UNIVERSITY PRESS
浙江大学出版社
·杭州·

图书在版编目(CIP)数据

扎根的力量 ："灿若星辰浙大人" 之社会服务篇 / "灿若星辰浙大人" 丛书编委会编. -- 杭州 ：浙江大学出版社，2024. 9. -- ISBN 978-7-308-25371-0

Ⅰ. K825.46

中国国家版本馆 CIP 数据核字第 2024SN1489 号

扎根的力量

"灿若星辰浙大人"之社会服务篇

"灿若星辰浙大人"丛书编委会 编

责任编辑 黄兆宁
责任校对 卢　川
封面设计 周　灵
出版发行 浙江大学出版社
(杭州市天目山路 148 号　邮政编码 310007)
(网址：http://www.zjupress.com)
排　　版 浙江大千时代文化传媒有限公司
印　　刷 杭州钱江彩色印务有限公司
开　　本 710mm×1000mm　1/16
印　　张 13.5
字　　数 162 千
版 印 次 2024 年 9 月第 1 版　2024 年 9 月第 1 次印刷
书　　号 ISBN 978-7-308-25371-0
定　　价 65.00 元

浙江大学出版社市场运营中心联系方式　(0571)88925591；http://zjdxcbs.tmall.com

“灿若星辰浙大人”丛书编委会

前　言

社会服务是实现大学办学理念的重要部分。我国高等教育发展方向，始终同国家发展的现实目标和未来方向紧密联系在一起，为人民服务，为中国共产党治国理政服务，为巩固和发展中国特色社会主义制度服务，为改革开放和社会主义现代化建设服务。

作为中国高等教育的重要参与者和见证者，浙江大学始终坚持与国家民族同频共振、同向同行。浙江大学在救亡图存中创立，在保存文脉中长征，在服务大局中调整，在报效祖国中奉献，在扎根大地办大学中书写与祖国共奋进、与时代同发展的壮丽凯歌，形成了爱国奉献、服务人民的优良传统。

长期以来，浙江大学沿着习近平总书记指引的方向，将“立足浙江、面向全国、走向世界”总要求、“以服务求发展、用贡献求辉煌”办学理念、“服务社会、合作办校”发展方针作为社会服务工作的根本遵循，积极响应党和国家号召，紧扣时代发展脉搏，想国家之所想、急国家之所急、应国家之所需。学校深入推进校外平台高质量发展、大企业战略合作、高水平科技成果转化、科技助力乡村振兴、智库决策咨询服务、高水平医疗合作、助力全民终身教育等社会服务重点工作，在顶天立地中履行教育兴国、科学报国、人才强国的时代责任，在扎根中国大地的生动实践中不断擦亮大学底色。

进入新时代，从西子湖畔到大山深处，从大漠边陲到雪域高原，在中国的广阔天地间，忙碌着浙大人无私奉献的身影。本书所辑录的2020至2023年间的新闻作品，描绘了高远使命引领下浙大人爱国奉献、社会服务的典型故事：他们或面向国民经济主战场，潜心科技攻关，解决“卡脖子”难题；或倾情服务乡村振兴和产业帮扶，将论文写在田间地头，造福一方百姓；或跨越千里，守护人民生命健康，助力医疗精准脱贫；或致力赓续中华文脉，服务中华民族现代文明建设……生动展现浙大人敬业奉献之情，笃行赤诚报国之志。

站在中华人民共和国成立75周年新的起点上，面向教育强国建设的时代使命，浙江大学以更加明晰的思路、更加有力的举措、更加坚定的步履，围绕新质生产力发展要求，服务经济社会高质量发展，加快实现高水平科技自立自强，聚力强化支撑引领中国式现代化的核心功能。本书既是“跳出浙大发展浙大”的示范与案例，也为推动教育链创新链产业链人才链深度融合提供一个新的视角与模式。

翻开这一页，看浙大人走出校门，天地阔！

编　者

2024年7月

目　录

第一章　开辟新领域

第二章　开辟新赛道

第三章　塑造新动能

第四章　创造新优势

第一章

开辟新领域

龚晓南：为地基“把脉问诊”

广佛高速——我国最早的高速公路之一，是连接广州到佛山的一条重要陆运通道。

20世纪末，当车流量变大、原有四车道要拓宽时，一道难题摆在面前：新旧地基怎样融合处理？

这个“卡脖子”难题最终被浙江大学建筑工程学院龚晓南教授及其团队创建的复合地基技术所攻克，即通过在地基中设置桩体等增强体来提高地基承载力，控制工后沉降。

如今，复合地基已被广泛应用于建筑、高速公路和铁路、市政道路、港航、机场等工程建设领域。

龚晓南，1944年生，浙江金华人，浙江大学教授、博士生导师，中国工程院院士。长期从事土力学及基础工程理论研究和工程实践，参与开设高等土力学等6门研究生课程，出版著作50多部，发表论文580余篇，培养研究生174名。2018年，龚晓南及其团队获得国家科技进步奖一等奖。

“国家的需要就是我们的研究方向”

龚晓南出生于浙江金华汤溪镇山下龚村，家境贫寒却热爱读书。

1961 年，他考入清华大学土建系，从此开启了人生的新篇章。

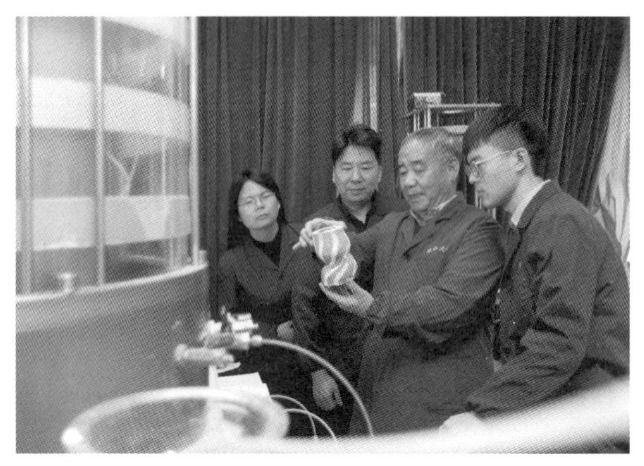

“刚进清华，有两幅大标语让我印象深刻，一是‘清华园——工程师的摇篮’，二是‘为祖国健康工作五十年’。”龚晓南回忆道，“这两句话让我养成了两个习惯，那就是不断学习和坚持锻炼。”

6 年的大学时光，也给龚晓南心里种下了一颗“为祖国服务”的种子。“记得有一次，班级组织游览八达岭，途中来到青龙桥詹天佑纪念馆。那时候，我们对詹天佑非常崇拜，我也暗暗下定决心，要为祖国的土木工程建设做出自己的贡献。”龚晓南说，“大学不仅让我掌握了现代土木工程知识，更重要的是让我明白了，科研必须考虑国家需要。”

大学毕业后，龚晓南来到陕西凤县，投身到“大三线建设”当中。修公路、架桥梁、筑防洪堤，工程需要他干什么，龚晓南就干什么，这一干就是十余年。

正式与岩土打起交道，并找到未来一辈子的研究方向，要从 1978 年龚晓南作为改革开放后第一批研究生、考入浙江大学开始算起。“这得感谢我的老师曾国熙教授，他是当时岩土工程领域屈指可数的留学回国人员，是他带领我走上了岩土研究的道路。”1984 年，龚晓南毕业，成为中国岩土工程界培养的第一位博士。

之后他前往德国卡尔斯鲁厄大学进行博士后研究,国外的先进技术让他眼界大开。“想学的东西太多,只能一边拼命汲取养分,一边时刻关注祖国建筑事业的发展状况。”在他看来,留学机会难得,要先把国内急需的技术学好学透。毕竟,“国家的需要就是我们的研究方向”。

1988 年,回国后的龚晓南发现,国家建设急需发展高效、经济、快速的地基处理新技术,于是就将研究重点转到了复合地基。

“对症下药,一个工程一个‘方子’”

我国地域辽阔,工程地质条件复杂。软弱地基和不良地基处理,一直是困扰工程界的一大难题。如何在大片软土区域中修建质优价廉的地基呢?

传统地基的处理方法,在承载力、稳定性、沉降性等方面难以满足建设要求;桩基础的处理方法,造价太高,难以大面积使用。相比之下,在地基中设置不同的增强体而形成的复合地基,其价廉物美的优势就体现了出来。

1992 年,龚晓南完成专著《复合地基》,首次提出了复合地基的理论框架、定义、形成条件和分类方法,并创建了广义复合地基理论,成为我国复合地基发展史上第一座里程碑。

利用复合地基技术修建的兰海高速公路在梯田间延伸。

复合地基虽好,但不是简单地“复制粘贴”就可以的。早些时候,有些建设方直接把建筑中复合地基的计算方法应用到路堤工程中,也出现过一些安全事故。

龚晓南反复强调,土是自然和历史的产物,因为年代不同、区域不同、构造不同,每一个工程所面临的地质条件都是千差万别的。所以,我们必须在大的理论框架下,对症下药,做到一个工程一个“方子”。

如今，龚晓南团队已经“把脉问诊”了全国40余条高速公路和高速铁路，其中包括京津城际高速铁路、京沪高速铁路等重大工程项目。

杭宁高速公路的建设给龚晓南留下了深刻印象。这条高速公路是长三角一体化的重要大动脉，其中浙江段跨越杭嘉湖平原，不仅软土层厚度变化大，而且与填土路堤连接处极容易形成颠簸，出现“跳车”现象。

面对难点，龚晓南带着团队成员，一次次到现场进行踏勘、设计、实施、检测。最后，团队提出的设计方案不仅将工期缩短了1年，且无须二次开挖；通过设置复合地基处理过渡段，有效缓解了差异沉降，控制了“桥头跳车”现象。

杭宁高速上的防“跳车”经验，如今已普遍运用于软土地基高速公路的路堤与桥头连接。

除了复合地基，龚晓南还从事软黏土力学、基坑工程等领域的教学、科研与技术服务等工作。比如，杭州市区庆春路两旁建筑的基坑工程，许多都是他参与设计和实施的。时至今日，每每经过庆春路段，龚晓南心中仍感到幸福和满足。

“我人生的主要工作是和泥巴打交道。别人往地上盖房子，我们是往地下造。‘地下’是‘地上’的根基，所以更要精心设计施工，绝对不能抱侥幸心理。”龚晓南说。

“脚踩泥土，才能获得第一手数据”

1992年，龚晓南团队来到宁波一家公司的工地现场，团队通过足尺试验，研究了水泥搅拌桩的荷载传递规律，并形成了理论成果。

这篇从工地里“跑出来”的成果，目前是复合地基领域引用排名第一的论文。

实践是理论的基础。在研究和教学中，龚晓南一直要求学生、要求自己到实地去考察。“我们这个专业，只在实验室、书本上研究是不够的，死读书干不成大事，只有脚踩泥土、亲临现场才能获得第一手数据。”龚晓南说，“即便在浙江一省之内，温州、台州、宁波等地的软土厚度、土层物理力学性质也不一样。只有对现场多一些了解和研究，才能确保工程建设严谨、准确。”

直到现在，龚晓南还常常接到紧急电话，哪个工地又有什么问题了，需要赶紧想办法。“我再忙也会去现场看一下。”龚晓南说。

在强调工程实践的同时，龚晓南也非常重视教育教学。他用30年来的理论研究和工程实践成果改写了教科书，使复合地基成为与浅基础、桩基础并列的土木工程三种主要地基基础形式之一，其内容成为本科生和研究生教材与教学的重要组成。

“许多教材是在点滴中积累而成的，比如《土塑性力学》，是根据我读博士时期的读书笔记汇集起来的。”龚晓南回忆，“读研期间，导师要求我写小论文、读书笔记，我坚持了下来，工作后也经常结合工程写‘一题一议’。这是一个好习惯，对于发现问题、及时思考、收集素材、锻炼笔力都很有帮助。”

此外，龚晓南还突破传统的教学模式，在浙大土木系率先实施“大土木”教育，拓宽学生的知识面；新建道路桥梁、建筑经济管理、防灾减灾等学科；在他当系主任的5年间，土木系设立了一级学科博士点和博士后流动站。

谈及国家科技进步奖一等奖，龚晓南谦虚地摆了摆手：“功劳是属于整个大团队的。我们以后还要继续做复合地基，因为研究不可穷尽，中国社会发展中还有很多新问题需要我们去解决。”

（文：丁雅诵 柯溢能 吴雅兰/图：卢绍庆）

喻景权：一心只为老百姓的菜篮子

现在，老百姓每天都可以吃到各类新鲜果蔬，但要放在几十年前，这几乎是不可能实现的梦想。

2021 年新增选的中国工程院院士、浙江大学农业与生物技术学院教授喻景权，40 多年来一直致力于蔬菜抗逆高产调控领域研究，在蔬菜抗逆栽培、连作障碍防控、栽培模式革新三个产业关键问题上取得原创性成果，为我国蔬菜产业科技进步做出了重要贡献。

在得知被增选为中国工程院院士后，喻景权教授表示，将珍惜来之不易的荣誉，发挥专业所长，为国家做更好的科研，做更大的贡献。

“我们要做的，恰恰是国家需要的”

从小在农村长大的喻景权，深感我国设施蔬菜栽培不能走欧美国家的加温高能耗栽培之路，只能发展低能耗生产模式。我国冬春冷害频发、设施作物光合效率低、瓜类蔬菜坐果难，这些都长期制约了蔬菜产业的健康发展。喻景权介绍说：“冬天温度一低，蔬菜叶片就‘感冒’打卷，再叠加冬季本来就缺少阳光，光合效率更是降低。”

1997 年，喻景权和团队在探索如何减轻蔬菜冷害的过程中，发现油菜素内酯是蔬菜抗冷和发生光合作用的重要调控物质。随后他继续向科学深处寻求答案，从基因层面探明调控机制，从源头上明晰了作用原理。根据以上特性，他研创出仿生调控产品，建立了基于生理效应、作用时效和温光环境的抗逆调控方法，使设施果菜冬春冷害得到有效控制，大幅提高了光合效率。

提高瓜类蔬菜的坐果率，其实就是解决冬春季节瓜类只开花不结果的问题。这项植物“保胎”技术也是 20 世纪 90 年代喻景权带领团队率先在国内完成的。“深入研究后，我们发现，瓜果的生长发育是通过细胞分裂素调控的，找到这把‘钥匙’，我们就揭开了瓜类蔬菜不用授粉受精便能结出果实的奥秘。”通过这一方法，黄瓜和西瓜等 8 种瓜果坐果率提高到 95%以上。

喻景权总是说，科学家就是要做原创性的工作，立足中国国情，解决“三农”问题。“什么都想做，往往什么都做不好，我们要做的，不仅是别人没做的，更是产业所需的。”浙江农业大学（现浙江大学）毕业后，喻景权有 5 年的时间工作在基层一线。那段经历让他深深感受到中国“三农”问题的重要性，并磨炼了他的意志，加深了他对这一行业的认识。“对于应用学科，光有理论研究是不够的，只有真正走进农田，才能发现更多的真问题、大文章。”

正是由于喻景权在以提抗性、增光合、促坐果为核心的蔬菜抗逆高产调控理论技术体系上的突破，解决了设施蔬菜产量低位徘徊的问题。目前，这一成果已应用到我国蔬菜大省鲁、豫、苏、冀、川、浙等茄果类和瓜类蔬菜主产区；同时，这一成果于 2006 年获得国家自然科学奖二等奖，入选国家“十一五”重大科技成就。

为什么喻景权能够不断向科研的深处进军？他的同事、农业与生物技术学院教授张明方说：“不积跬步无以至千里，喻老师是一个非常勤奋的人，在蔬菜研究的‘马拉松长跑’中，他始终引领学科前沿，经常是我们这个科研楼里回家最晚的一位老师。”

“坐在椅子上等，不如在地上爬”

1985 年，喻景权到日本短期进修 1 年。1988 年获奖学金后，他又到日本攻读硕士、博士学位。1995 年 8 月，喻景权结束留学生涯回到母校从事教学科研工作。

对那时的喻景权来说，回国不仅仅是一个职业选择，更是一个重大的人生抉择，需要莫大的勇气。

当时日本企业给他开出的月薪是 30 多万日元（按当时汇率折合人民币 3 万多元），回国后他却只能拿到 400 多元月薪；1991 年，他就拿到驾照在日本开上了小轿车，回国后就只能重新蹬上自行车。但是他从没有后悔，而是深深地扎根在祖国的广袤田野。

“浙江大学园艺学科有很好的传统，学术泰斗吴耕民先生、李曙轩先生都是在国家最困难的时候毅然归国，并创建了园艺学科。我们读书的时候，他们都给我们上过课，给予我谆谆教诲。”喻景权回忆起来仍然十分感慨，“吴先生对我说，‘人在社会上要做成一两件有用的事情，一件就不容易了，两件则十分艰难’。”

而李曙轩先生则给予了喻景权“坐在椅子上等，不如在地上爬”的教诲，日后这也成为他为人处世的座右铭。“我回国时，实验条件还比较落后，我们这一代人克服了重重困难开展科研工作，与祖国共成长。”

“一年旺、三年黄、五年荒。”这是农民们对土地无法连续耕种的一句顺口溜。连作障碍现象是指在同一块地上轮番栽培同种蔬菜作物，下一茬蔬菜的生长情况会被抑制的现象。早前大家认为是施肥不足和土壤肥力下降所致，常常盲目过度施肥，然而这不仅没解决问题，还产生了生态污染问题。

“古书上就记载了植物根部会分泌毒素影响土壤，但这究竟是什么，一直困扰着科研人员。”喻景权和团队历经多年研究，率先鉴定出茄果类、瓜类和豆类蔬菜根系释放出的 15 种自毒物质，并探明蔬菜的自毒物质是引起连作障碍的重要原因，随后通过研究发明了“除障因、增抗性”的绿色防控技术体系。这项技术被普遍应用在我国蔬菜主产区，改变了以往盲目防控的局面，并于 2016 年获得国家科技进步奖二等奖。

“为子孙后代留下一片净土”

随着工业化的进程，农业进步也带来越来越多的环境负担。能不能为子孙后代留下一片净土，成为越来越迫切的一个问题。

无土栽培，在今天看来已经是一项老技术，因为早在 20 世纪 80 年代，喻景权就已经在从事这方面的研究，然而他重新开展这项研究却是在 2005 年。“中国的农业对成本很敏感，如果只是搭个“花架子”而无法应用到实际生产中，农民是不买账的。”

为此，喻景权带领团队研制农民“用得起、用得好”的新一代无土栽培 SAS 系统，推动我国蔬菜主产区产业升级。他们通过探明根际三相环境影响养分吸收、生长发育和品质形成的规律，攻克了基于果菜肥水动态需求的营养液配比、自动精准供液、花生壳基质化三大技术，节省肥水 2/3。这项技术在番茄、黄瓜、甜瓜等主要果蔬上应用，使产量和品质大幅提升，消费者称赞他们培育的果蔬有了“儿时的味道”。

如今走进甘肃酒泉戈壁中的成片蔬菜温室，就能看到郁郁葱葱、硕果累累的景象。以喻景权院士为代表的科技工作者为当地戈壁农业发展，有效解决蔬菜供应问题发挥了积极作用。“能为西北干旱戈壁地区解决蔬菜供应问题，这是科研工作者报效国家难得的际遇。”喻景权说。大漠的沙、塞北的风、高原的苦，都没能阻挡他和团队的脚步。10 多年来，一批批师生到酒泉去帮助当地发展戈壁农业，从 2008 年的很小一块试验田发展到现如今的 10 余万亩。酒泉市委、市政府赞誉：“我们与浙江大学技术合作的历程，就是酒泉戈壁农业发展的历程。”全国十佳农技推广标兵、国务院政府特殊津贴专家、酒泉市农业技术推广中心副主任张国森研究员说：“喻景权老师不图任何回报，还自己倒贴钱帮我们搞试验研究，为的就是在戈壁滩上也能终年生产优质蔬果，这种农业情怀值得我们所有农技推广人学习。”

对于喻景权来说，这些年最要感谢的还是自己的学生。“我的一个个科学奇思妙想在与同学们的合作中成为现实。”他指导的 4 位博士研究生撰写的论文获得国家百篇优秀博士论文奖和提名奖，毕业生中 9 人次入选国家级人才。

每当遇到重要实验，喻景权都会与学生一同实地开展，观察实验结果，追踪实验进展。他的博士生、国家杰出青年获得者周艳虹教授说:“喻老师严谨治学的工作态度、与时俱进的学习习惯、精益求精的科研精神、追求卓越的自我要求无一不深刻影响着我。喻老师不仅传授给我们专业知识,更重要的是他对科学执着追求、无私奉献的精神深深地感染着我们,激励着我们不断进取。”

回顾过去自己的学术生涯,喻景权说,他赶上了国家快速发展的好时代,为成长在有着深厚文化传承的浙大园艺学科感到很幸福。“未来,我们将始终胸怀‘国之大者’,进一步服务于国家乡村振兴战略的实施,发挥我们的科技与人才优势,为老百姓做出更多更大的贡献。”

(文:柯溢能)

李浩然、陈志荣：两位浙大教授与一家上市公司的一段佳话

“攻克科学问题的同时，突破制约企业中长期发展的瓶颈，既解决了产业发展的难题，又推动了学科发展。”

30 多年来，浙江大学化学系李浩然教授、化学工程与生物工程学院陈志荣教授一直秉持着这个理念，与浙江新和成股份有限公司共同成长，先后完成维生素 E、维生素 A、β-胡萝卜素、虾青素、蛋氨酸、芳樟醇及柠檬醛系列香料、紫罗兰酮、甲氧基丙烯、聚苯硫醚等产品的绿色制备和产业化，这些产品的市场份额居世界前列。

两位浙大教授与一家上市公司，成就了一段产学研发展的佳话。

合作从一碗面开始

20 世纪 90 年代初，读书时就是上下铺的李浩然和陈志荣，都选择了留在浙江大学任教。作为青年教师，他们常常一起外出跑企业，为科研寻找方向。1992 年初，他俩有一次出差回杭路过新昌。李浩然说，下车吃碗面，再去看个朋友，他在县里一家化工厂工作。

这个化工厂就是新和成的前身，而李浩然和陈志荣也是在这次从“县里的这家化工厂”接到了第一个合作项目。

两个年轻人回到学校很快解决了工厂连续化工艺流程问题，并把设计好的图纸发了过去。90 年代初，企业领导大多目光不长远，往往一拿到初步研发成果，就成了断线的风筝。果然，图纸发去后仿佛石沉大海，陈志荣心中一凉：又遇到赖钱的老板了。

没想到 4 个月后，陈志荣突然接到企业打来的电话。原来，他们照着图纸改进了装备，完成了试车，做好了后续工作，现在工程运行顺利。但是电话里新和成又提出了新要求，也正是从那时起，陈志荣和李浩然与新和成紧紧联系在了一起。

李浩然在揭秘学科与产业互动时认为，这是学科与产业互动的第一阶段，企业提出具体难题，科研人员通过知识的原理性验证解决相关问题。“这时的难题往往是由于知识不对称，解决起来相对容易。”他说，这样的合作让研究人员能够加深对知识的理解，起到举一反三的作用。

实验室与车间的无缝切换

李浩然、陈志荣分别来自化学和化工学科，一理一工，看似有着很大的学科鸿沟，但在学校实验室与新和成车间中，这两个学科却做到了无缝对接。他们带领团队将基础理论前沿与科技变革实践紧密结合起来，推动了学科发展，促进了企业成长。

与企业的产学研合作中，李浩然、陈志荣首先成功研发出作为饲料添加剂的维生素A。这正是学科交叉研究面向国民经济主战场，推动新和成发展壮大的一次“关键战役”。

浙大的两位教授和大家一起钻进车间，连续奋战了几个月。当时缺少自动化实验设备，实验的各个环节都要有人在场，于是大家轮流值守。“困了，他们就躺在条凳上眯一会儿，一天只能间断着休息五六个小时，就这样拼命地干，终于把维A项目攻了下来。”一位工段长回忆起当时的情形说。

一家生产研发基地遍布全国、有着数以千计的工人和技术人员、产出上百种各类产品的大型化工企业，与两位浙大教授之间的产学研合作能达到怎样的深度？

陈志荣指指自己的脑袋：“新和成大部分产品的技术路线都在我的脑子里，给我一张白纸，我马上可以把它们从头到尾、清楚无误地写出来。”

科研好奇心碰撞上产业需求

维生素A研发出来了，但是暴露在空气中几个小时就会变质，丧失营养功能。要解决这一棘手的科学难题，当时看来道阻且长。

刚开始新和成考虑的是寻求专利技术转让。一家国际上技术领先的企业来了，带来厚厚一本“秘籍”。一个配方和工艺，对方就要价150万欧元。中学化学老师出身的新和成董事长胡柏藩翻翻那本“秘籍”，各类规格品种足有百来个。如果全都买下来，价格简直是天文数字。

胡柏藩找到陈志荣和李浩然："我们还是得自己干。""其中有一系列关键难题需要攻克，这些难题也是我们十分感兴趣的话题。"李浩然表示，当企业需求与科研人员的好奇心相互碰撞，会迅速产生化学反应。

"我还是从系统性的理论研究开始，一点点从根源上寻找失败的原因，设计新配方、新工艺和新装备。"陈志荣说，"最终发明的这项技术，不仅完美解决了维A的包埋问题，还有很强的拓展性，可以应用到香精香料和其他许多营养素上。"

正是实验室与工厂车间的有机融合，"脂溶性维生素及类胡萝卜素的绿色合成新工艺及产业化"和"重要脂溶性营养素超微化关键技术创新及产业化"项目先后获得国家技术发明奖二等奖，另获1项中国专利金奖、20多项省部级奖。企业的科研创新能力不断提升。

李浩然和陈志荣认为，这是学科与产业互动的2.0阶段，企业提出问题，高校揭榜挂帅，在实际困难解决过程中加强前沿技术研究。

凭借学科有力的科技支撑，企业成为全球著名的维生素供应商、全国大型的香精香料生产企业。新和成在2004年成功上市，成为中小板第一股。产学研的深度融合，让公司跻身中国上市公司百强企业，为全球100多个国家和地区的客户在动物营养、人类营养、医药、生命健康、环保、工程塑料等方面提供解决方案，以优质健康和绿色环保的产品不断改善人类生活品质。

产教融合是双向奔赴

如何让更多的科学问题直接在车间解决？李浩然和陈志荣认为，要为生产线培养一支人才队伍，并通过建设研发体系和标准流程，系统解决遇到的难题。

21世纪初，新和成成建制招收了二三十名大学生，此举对当时的民营企业来说需要很大的魄力。李浩然和陈志荣把他们都当作自己的学生，在车间里开展实验研究。2004年，新和成建立研究院，让年轻人能够更快地从以高校写论文为主的科研需求转向产业需求。

与此同时，李浩然和陈志荣把浙大的实验室延展到新和成，带领一批学生参与产业问题的研究与突破，指导青年人在产业需求中寻找自己的科研方向。

随之，130余项国家发明专利、50余项国际发明专利如雨后春笋般破土而出，极大地推进化学、化工学科本身的创新、迭代。而在这种产教紧密融合之下，系列脂溶性营养素的绿色合成及制剂化技术、蛋氨酸绿色合成技术、高性能聚苯硫醚合成技术先后开发，使新和成在相关行业的市场占有率均居世界前列。

车间里大学生越来越多，对科学技术的探讨也越来越深入。这种学科生态，李浩然和陈志荣称之为学科与产业互动的3.0阶段——科研机构和科研人员不再是唯一的创新供给者，而是引领企业在校企深度融合中围绕产业发展，自主提出问题、解决问题。

在与两位浙大教授的紧密合作中，新和成争做行业与学科的领跑者，并成为首家单独招收博士后的民营企业，矢志深耕未来化学、生物、新材料领域的前沿方向。“新和成捐资建立了浙江大学化学前瞻技术研究中心，关注未来化学与新能源、人工智能、5G等领域的交叉研究和基础难题。”李浩然说，“与其别人颠覆我们，不如自己颠覆自己。”

（文：柯溢能）

楼兵干：新疆库尔勒百姓心中的“香梨女神”

枝枯病，百姓一听就心惊胆战，因为一旦得了这种“传染病”，香梨树就如同经火烧一般，叶片焦枯、枝条发黑，农民的“摇钱树”就会大面积绝收。从浙江到新疆的三年调研走访，每每想起果农眼角的泪水、脸上的愁容，浙江大学农业技术推广中心楼兵干研究员都心情沉重。

经过三年持续挂职攻关，楼老师找到了解决方案，扭转了病害肆虐的局面。作为边疆果农的“守护人”，她培养了一批“土专家”，却来不及写一篇论文、申请一个专利，反而一再申请延期结束挂职。

库尔勒还能生产“库尔勒香梨”吗？几年前，这是摆在新疆维吾尔自治区库尔勒市果农们面前真真切切的难题。

枝枯病是梨、苹果等蔷薇科植物易患的一种毁灭性细菌病害。

没有防护的梨树一旦被枝枯病病原菌入侵，花朵就会凋谢，紧接着新梢就会枯萎，即便收了梨子，梨树也活不到第二年春天。通俗地说，这种病会让果树的枝条枯死，然后让整棵树慢慢死亡，因此被果农视为果树“癌症”。

就在过去的几年，由于受到病害影响，库尔勒香梨产量一度腰斩。看到成片被砍掉的梨树，有的果农提出引进其他地域品种。

库尔勒的香梨还有没有救？这是悬在每个当地人心头的问题。小小一颗梨，连着千万家，牵动各条线。

库尔勒市林草局局长张义智告诉记者，当时的香梨产业可谓是遇到灭顶之灾，由于没有好的防治方法，砍了一万多亩果园。

对于这种病害，楼兵干很早就有研究，并提出了一系列防治措施。

针对新疆如何对症下药开展植物保护，楼兵干也已经在当地调研多年，提出过一揽子防控方案。但是当地农民对于她，却有一百个“不放心”，迟迟不接受她提出的防治措施。

几年间，库尔勒的香梨岌岌可危。楼兵干看在眼里、急在心上，找到学校组织部主动请缨，交上了挂职新疆塔里木大学的申请书。

日行两万步，走破几双鞋

“不为求名、不为求利，我就希望有更多的时间在一线，真正帮助新疆老百姓把梨树的病治好。”2019 年 3 月，接到挂职报到通知书的那天，楼兵干正好在新疆调研枝枯病。于是，她提着行李，一个人到了塔里木大学。

“我们全疆各族人民都很感谢她。”塔里木大学党委书记赵光辉说，“楼老师为全疆果农带来了浙大技术与方案，也为两校的学科合作搭建了重要桥梁。”

“看着一株株精心呵护了十几二十年，甚至更长时间的香梨树枯萎死去，果农那种难过和沉重的心情是无法用言语表达的。”楼兵干偷偷抹了好几次眼泪。

然而，自己的方案明明安全、有效、可靠，为什么到了新疆就“水土不服”？

楼兵干铁了心，开展林果业重要病害动态调研，想要从源头找答案。

问题在哪，她就在哪；病情在哪，她就在哪。农户修剪病枝，她就站在边上看；农户喷药，她就跟在拖拉机后面走。不断掌握病害发生、防治效果的第一手资料。

很快她发现，打药高度受限于拖拉机高度，树的顶部药喷不到，于是枝枯病病菌从树顶部到根部逐渐蔓延。她还发现，为了省事，农民把需要两次稀释的药剂一次完成，导致成分不匀，效果不佳。

这样的发现还有很多。2019 年的香梨生长季，楼兵干每天在果园里要走两万多步，一棵树、一棵树地看过去，她看到了各家的问题，也找到了解决的办法——必须带着农民干，做给农民看。

楼兵干开始牵头枝枯病关键防控技术试验示范及药剂的筛选工作。2019 年 4 月，她找到一块病情十分严重的果园，开始进行试验示范。

树立信心，可防可控

2019 年的 5 月 1 日，这一天楼兵干记得格外清楚，不仅因为这是一个没有休息的假期，更是因为试验成效初显，梨树发病率大大降低。

"树立信心，可防可控。"便是她逢人就讲的一句话。

但是大家的质疑依然没有消退——"浙江与新疆的气候千差万别"。"10月下了果后，还要枯死一大片。"

平日里文静和气的楼兵干，没少跟人"吵架"，每一次总要据理力争，把自己的科学防治措施告诉农民。当年尽管库尔勒的雨水格外多，但健康的梨树比前两年多得多。

初战告捷，试验继续。

她带领团队先后对50余种药剂进行了400余组对比试验，成功筛选出5种安全、防治效果好的化学药剂和3组在关键防控时期使用的安全、有效、性价比高的药剂组合，综合运用于枝枯病防治。

找到有效、安全、经济的药剂组合后，楼兵干想的第一件事并不是写论文、报专利，而是制订《枝枯病关键防控技术方案》，把研究成果毫无保留地告诉当地各族群众，并在全疆推广应用。"把技术留在新疆各族百姓家。"楼兵干是这么说的，也是这么做的。

在新疆各级政府的高度重视和领导下，秉持浙大的求是精神，学习发扬塔大的胡杨精神，持续3年挂职攻关，楼兵干为枝枯病防控找到了解决方案。据统计：全疆枝枯病发生面积由2018年的63万亩下降至2021年的15万亩，下降幅度达76%；发病株数从2018年的770万株下降至2021年的46万株，下降幅度达94%。这一成果直接推动了香梨丰收、农民增收。

困扰果农的问题解决了，果农脸上的愁容消失了。

农户们追的"星"

推广枝枯病的有效治理方法，不仅要和时间赛跑，还要和错误的防护措施赛跑。楼兵干开展了大量培训工作，将防治技术推广到整个新疆，有据可查的技术培训就达60多次、累计8000多人，真真切切培养了一批“土专家”。

而楼兵干做得更多的则是在果园一线，讲给农户听。“刚开始真的没人信我，我只能‘逮’住一个教一个。”楼兵干说，“只要有一个人肯学，就会有越来越多的人看到这项技术的有效性，就会带动周围的人。”

现如今，只要走到田间，楼兵干的身旁就常常是里三层、外三层——农户们生怕听不清。走下大学的讲台，走进田间地头，她把这种宣讲方式称为“硬讲”，要把科学原理讲成身边的道理。

“楼老师都是手把手教我们，她的培训课尽管不卖票，但常常是一“位”难求。”管理着5000多亩梨园的库尔勒人和农场场长廖继明告诉记者，“我们都喊楼老师‘香梨女神’，如果没有她的技术护佑，我们的果园可能早就完了。”

“讲书本上的话，农民听不懂。”楼兵干举了个例子——“初花期为什么要打药，那是因为细菌也要吃饭，老树皮上没有营养，花骨朵是甜的，嫩枝是鲜的，细菌最喜欢，如果这个时候没打掉病原细菌，那么病原细菌的子子孙孙就都成长起来了”。这么一讲，果农们听得哈哈大笑，也把施药的节点记在了心里。

库尔勒的香梨园中至少有三分之二的果农都认识楼兵干。在一次香梨展销会上，尽管楼兵干戴着帽子和口罩，却被一个个摊主认了出来，大家争着往她怀里塞自家的梨。

每天增加4个小时工作量

“到家里吃梨去。”

这是库尔勒哈拉玉宫乡一位维吾尔族老乡对楼兵干拯救他家梨

树的感谢。

“百姓的感谢很质朴,真的很暖人心。”楼兵干说。在新疆挂职每一年半要轮换一次,但当地领导却远隔千里,跑到浙大要求楼老师再延续一轮。

库尔勒市林草局负责人说:“楼教授从来不喊苦、不喊累,到了果园就甩开膀子干,不认识的以为就是一位普通的农家妇女。我们打心眼里欢迎这样的老师带动库尔勒当地巩固脱贫攻坚成果,共同走出乡村振兴道路。”

因为时差,在新疆一般的工作时间是从北京时间的10点开始,到下午的8点结束。然而,常常早上8点半,来自浙江的工作电话就来了,到了2点多午休时,楼兵干的手机依然在忙碌。面对这样高强度的工作,她总是笑着说,自己作为浙江省十几年的老科技特派员,身处西域还能被大家惦记,是一种别样的幸福。

与楼兵干一起到南疆的,每年还有两三位浙江大学的研究生。“植物病害的毁灭性,不是亲眼所见是想象不出来的。”一位同学说,“行走在果园里,我真切地感受到自己所学的专业确实能够造福一方百姓。”

每年忙完果树的生长季,楼兵干就把大量的时间投入与塔里木大学的学科合作,将自己积累的研究技术、方法、思路与推广经验分享给他们,带领塔里木大学的老师们共同编制枝枯病防治的新疆地方标准,由此大大提升了塔大服务地方与兵团系统的能力与水平。

像这样井然有序的工作,楼兵干每天都在进行。

当被问到每年在新疆的时间有多久,她说,一开始的2019年,在疆256天。在楼兵干厚厚的记事本上,每天的工作记录与心得,记得密密麻麻。

金杯银杯不如老百姓的口碑。在南疆脱贫攻坚的紧要关头，楼兵干临危受命；在巩固成果开展乡村振兴的紧要关头，她继续坚守。

楼兵干默默无闻，没有获得过任何奖励。看到楼老师时，发现她的肤色比3年前更为黝黑，而这却成了她无私奉献的见证。

当被问到去新疆挂职苦不苦时，她总说："新疆是新疆人民的新疆，新疆是祖国人民的新疆，新疆的繁荣稳定关系你我他，我要把技术留在新疆各族百姓家。"

她关心最多、强调最多的永远都是那句话——"科学技术是生产力，要在我们科研工作者手中更好地转化为生产力"。

（文：柯溢能）

熊树生：十余年让一项产业得到世界的认可

十余年时间，能为一个地方带来什么样的变化？

十余年前，浙江大学能源工程学院教授熊树生被下派到龙泉市，帮扶汽车空调产业发展，由此振兴了一个产业。在浙江大学与龙泉市深入推进全面市校合作的大背景下，熊树生让龙泉产业升级的梦想照进了现实。

今天的龙泉，建成了集创新创业、研究开发、检验检测为一体的浙江大学龙泉创新中心，拥有全国领先的汽车空调系统研发、标准制定、成果转化产业创新服务综合体。然而，没有人能想到，在熊树生刚到

龙泉时，这里的大部分企业还是作坊式的，以手工生产汽车空调维修件为主。

外地来的“内行人”

“我们的汽车空调非常好，换热量很大，流动阻力也很大咧！”2009年的一场产品鉴定会上，龙泉市企业家的一席发言让包括熊树生在内的现场专家们诧异不已。

汽车空调的流动阻力越小越好，这是行内专家都明白的常识，却被龙泉企业家们搞错了方向。

企业家的发言让熊树生明白了，龙泉的汽车空调产业仍停留在低端状态，企业家文化素质不高，专业知识水平也相对薄弱。

那一年，熊树生正式以汽车空调产业首席专家的身份来到龙泉。眼前的一切正如他所担心的那样：当地大部分企业仍然采用作坊式经营方式，产品也以售后维修和国外来样加工为主，生产内容低端，规模也小，更谈不上做大企业、发展产业。

更加令他感到惋惜的是，龙泉传统的汽车空调特色产业基础没能得到很好的发挥。其实，龙泉与汽车空调产业早有渊源。早在20世纪70年代末，老一代外出跑汽配的村民便逐步形成了“龙商回归潮”，各家开起了汽车空调维修件生产小作坊，2000年后又在政府支持下建起了五金汽配园区。全市不足30万的人口中，就有近2万人从事汽车空调行业。可以说，龙泉人与汽车空调打交道的时日并不比熊树生这个“内行人”短。

可是，如何把龙泉汽车空调产业的潜力挖掘出来，把传统优势发挥出来，成为支柱产业？这一棘手问题摆在熊树生这位浙大下派专家的面前。

支柱平台曾是“三无平台”

产业振兴从哪里下手？龙泉企业呼声最高的，是建立一个汽车空调检测中心。

熊树生挨家挨户走访企业时发现，企业拿不准产品质量好坏时，想做质量检测必须送到外地，远到长春，近到宁波、合肥。如此检测耗时长、费用高，还常常因此耽误一些订单的生产，更不要说有益于产品质量提升，甚至连检测中心返回的检验报告也没几个人能真正弄明白。

熊树生意识到，光有检测中心远远不够。要想拉动龙泉汽车空调特色产业的发展引擎，必须建立起一个兼具检测、研发、人才服务、科技服务功能的创新平台。

“三无平台”——这是熊树生对创新平台的戏称，也是建设平台的想法刚提出时他听得最多的质疑。一无场地，二无人才，三无经费，平台建设难度堪比平地起高楼。

在熊树生和当地有关部门的共同努力下，平台终于得到了各方支持，赢得了为期一年的培育时间。

2013 年，在熊树生的不懈努力和浙江大学产学研合作的介入下，一个整合了检测中心、研发中心、人才中心、科技服务中心、产品展示中心和院士专家工作站的龙泉汽车空调产业技术创新服务平台成功落地，并投入运营。昔日的“三无平台”变成了今天特色支柱产业的坚强支撑。龙泉的汽车空调也走上了一汽、东风、北汽、上汽、比亚迪等知名整车企业的生产线，走向北美、欧盟、中东、东南亚等地区。从此，龙泉企业逐步实现了汽车空调——研发制造在龙泉，检测检验在龙泉，标准制定在龙泉的目标。

发挥“浙大力量”，做强“龙泉模式”

“这样高水平的平台，我猜绝不是你们龙泉人自己弄出来的，你们背后一定有高人指点。”有一年4月，知名汽车制造公司一汽凌源董事长一行来到龙泉，为新的生产布点做考察。在参观完汽车空调创新服务综合体后，他们对当地的汽车空调产业发展惊讶不已。

的确，产业壮大的背后，是浙江大学与龙泉市产学研全面深入合作的强大推动。

2019年11月，浙江大学龙泉创新中心成立，旨在发挥浙大学科优势，解决龙泉汽车空调行业的关键共性技术难题。产业有需求，硬件有支撑，人才有保障，中心的成立为龙泉汽车空调产业的转型发展带去了新机遇。

不久之后，一家新能源汽车热管理系统的业内头部企业正式与创新中心签订合约，开展深度合作，并将企业从山东威海整体搬迁到龙泉。

“政策支持哪里都能谈，但先进的平台和浙大强大的支撑只在龙泉有。”本着这样的想法，包括一汽凌源、威海科博乐、鸿通智能在内的众多企业来到龙泉布点生产。创新平台也由传统单一的汽车空调领域正式进军新能源汽车整车热管理行业，乃至整车制造行业。

从零部件到系统总成再到整车制造，从家庭作坊到现代企业再到产业集群，熊树生找到了产业突围的方向，实现了产品、技术和市场的完美转型。产业链飞速发展，产品层次扎实提升，吸引了越来越多企业筑巢发展。

在浙江省统计局、浙江省科技厅联合公布的2018年度全省科技进步统计监测评价结果中，龙泉市位列全省第21位，比上年提升了57

位，位列丽水九县（市、区）第一名。

“我的目标就是要在发展相对落后的龙泉，把汽车空调产业打造成‘单项世界冠军’。”熊树生说。如今，龙泉拥有制造业国家双创基地，中小企业公共服务平台变成了示范平台，整车厂的引进与建设也颇有成效。熊树生获得了中国产学研合作创新奖，与当地企业一起荣获了中国发明创新奖、人工智能科技进步奖等荣誉。创新中心也在熊树生的带领下，研发生产了除汽车空调外的更多产品，如部队使用的露营帐篷空调、新冠疫情期间供给执勤点使用的取暖空调等，充分发挥自身能力惠及社会。

今天，熊树生的奔波依然没有停歇。背靠浙大、联姻高校、发展龙泉，熊树生便是众多牵引者中的一个，把初心留在浙大，把希望带给龙泉。

熊树生与龙泉的情缘，是浙江大学与龙泉深厚情谊的一个缩影。

80 多年前，浙江大学在龙泉设立分校，办学长达 7 年，龙泉因此成为浙大人永远的精神家园；12 年前，浙江大学与龙泉再续情谊，全面合作共建社会主义新农村示范点，共建山区科学发展综合改革试验区示范点，浙大因此成为龙泉发展的坚强后盾。

10 余年间，浙大用自己的“长板”补齐龙泉的“短板”，围绕人才培养、教育卫生、科技发展、生态旅游、产业转型升级等领域开展深层次合作，包括熊树生在内的一大批浙大优秀人才去到龙泉、扎根龙泉、发展龙泉。

不同于从前优势资源由浙大向龙泉单项输出的帮扶模式，如今日益发展壮大的龙泉也为浙大的发展做着贡献。在第五轮学科评估中，与龙泉市的合作成果被编入能源工程学院学科评估“五个故事”之一，成为支持能源工程学科发展和成果转化的重要堡垒。

随着第三轮市校合作全面扎实推进，浙大对龙泉的帮扶帮助持续深入。“浙大力量”支持下的“龙泉模式”，将进一步整合资源、发挥优势，以共建共赢服务地方发展，传承求是精神，接续龙泉情怀。

（文：樊畅）

叶明儿：把最好的论文写在充满希望的大地上

说起浙江大学农业与生物技术学院、新农村发展研究院副教授叶明儿，大家最先想到的是东魁杨梅、黄岩蜜橘、湖州红美人柑橘，以及他通过推广优质水果生产技术，造福大众的故事。

在联合国粮农组织公布的2021年度世界“粮食英雄”名单里，叶明儿位列其中，这是25名个人或团体“粮食英雄”中唯一的一位中国人。粮农组织官网评价“粮食英雄”叶明儿三十五年如一日兢兢业业推广果树技术。他的事迹表明：灵活创新种植技术能促进作物生长、提高产量，同时可以节约自然资源，改善农民生计。

叶明儿说：“浙大不仅在教学、学术上世界一流，在对社会的责任和贡献方面也是世界一流。获得世界‘粮食英雄’称号更是我们浙大的荣耀！”

农村是一本学不完的新书

果树专业出身的叶明儿如何与粮食结下了缘分，这还要从2005年他到浙江省丽水市青田县挂职说起。

位于浙西南山区的青田，是典型的“九山半水半分田”，人均耕地仅有 0.3 亩，曾经属于浙江的欠发达地区。

到了青田，农业出身的叶明儿第一件事就是走村串户了解农情。他发现，尽管当地山区稻田较低的水温不利于水稻的生长，但独特的稻渔共生系统让水稻的产量依旧保持较好。

“青田县具有 1200 多年历史的稻渔共生农业系统，2005 年被联合国粮农组织授予亚洲首个全球重要农业文化遗产。我就想通过科学的方法深入挖掘一下老祖宗留下的财富。”叶明儿在进一步调研中发现了其中的奥秘，生活在稻田根部的鱼既能够吃掉产于水稻植株根部的害虫稻飞虱虫卵，又能够刺激水稻萌蘖生长从而提高产量。与此同时，鱼粪作为水稻肥料，可以降低水稻对化肥的依赖。

在暗暗佩服古人智慧的同时，叶明儿也在思考，能否改进这套系统让产量再上一个台阶呢？结合自己的所学与实地情况，叶明儿想出了一套办法，筑高田埂提升水位，拉大水稻植株种植的间距，这样一来，稻田里就能投放更多的鱼苗了，种稻为主、养鱼为辅的传统模式就升级为种养并重的 2.0 版本。试验下来，每亩稻田鱼的产量从原来的 20 斤增长到 200 斤，水稻虽然种植数量少了但产量依旧提高了 5%左右，而且因为生态与安全，鱼和稻的价格都翻了好几倍。两方合计，创新后的稻渔共生系统每亩产值达 6000 元左右，提高了近 5 倍。

叶明儿介绍，这样的共生系统基本不施农药、化肥，降低生产成本的同时还有效控制了农业污染，对保护生态环境起到了积极作用。在叶明儿的创新改造后，有着千年历史的青田传统稻渔共生系统翻开了新的一页。

“一条鱼富了一方土地，农民种粮的积极性大大提高了，这也说明古人的耕种智慧值得我们后代继续研究、推陈出新。”叶明儿说，看到青田 10 万亩稻渔共生系统农田为农民年增收 5 亿元，他就想着把这项技术复制到浙大西迁故地贵州省遵义市湄潭县。

在学校领导和国家发改委领导的高度重视和大力支持下，2007 年“稻渔共生农业系统”开始在湄潭示范推广。

从浙江青田将近 3000 万尾鱼苗运到遵义，这样大量的鱼苗长途运输，前人没有干过，没有经验可取。第一次 1 万尾鱼苗运去的时候，鱼苗全都死了。怎么办？叶明儿带领学生反复试验，最后获得了一个塑料袋内氧气与水的最佳比例。“一般鱼苗的运送极限时间是 12 小时，但那一次我们早上 6 点钟上飞机到第二天凌晨 2 点到达，打开一看 80％还存活着。”这给了他很大信心。2007 年，贵州还碰上百年一遇的极端低温，叶明儿的鱼苗也都经受住了考验。此后的 3 年时间里，遵义推广“高效稻渔共生系统”面积累计达 6 万多亩。

叶明儿说，在青田挂职的这段经历给他最大的体会是：在学校老师要教好书，在地方必须马上解决实际问题。“在此之前我很少接触粮食作物，也是来了之后被现实问题给‘逼’着学，一步步摸索，思路才慢慢打开的。农村真是一本学不完的新书！”

把论文写在大地上

其实，1985 年叶明儿毕业留校时就暗暗定下了目标，在农业推广方面要为农业发展创造财富、做出贡献。为了这个目标，他在农村一跑就是35年。在叶明儿心中，提出“求是精神”“大学教育与社会服务相结合”办学思想的竺可桢老校长就是他的楷模，“我所理解的‘求是精神’不仅在学校要把学生教好，而且更重要的是为社会担责”。

在他的老本行果树专业，他的“论文”写遍了浙江的山山水水。

湖州地处浙江北部，由于年积温较低和冬季容易受冻害，历史上属于不适宜柑橘栽培地区。

作为中国设施栽培产业的推广者，叶明儿想通过技术创新，在湖州大干一场。然而他的想法一提出就处处碰壁，有的果树专家还善意地提醒他不要在这个板上钉钉的既成事实上浪费时间。

叶明儿却偏偏认了这个死理儿。2015年春天，他自掏腰包买了200棵红美人柑橘大树，在湖州市南浔区练市镇建立了湖州市第一个红美人柑橘设施栽培示范基地。为了解决积温不足和易发生冻害的问题，红美人柑橘需要在大棚里种植，但随之而来的就是大棚温度比露地要高，从而导致土壤返盐现象。

为了解决这一难题，他将传统黄岩蜜橘筑墩栽培方式和现代智能化温度控制与雾喷节水灌溉技术相结合，不仅让果树正常生长结果，而且还生产出了果实色泽更红、香气更浓郁、味道更鲜甜的优质红美人柑橘，打破了湖州生产不出优质柑橘的“魔咒”。

“他的这项技术填补了湖州没有柑橘产业的空白，改写了湖州水果产业的历史。”湖州市南浔区副区长徐国华说，“叶老师真正在生产一线写下了他的科研论文。”

这些年，湖州柑橘设施栽培发展迅速，截至2020年底柑橘栽种面积已达600公顷，产值达10多亿元。湖州南浔区红美人柑橘示范园区成为我国设施柑橘集中栽培面积最大的区域，叶明儿也被当地干部与百姓称为“湖州红美人之父”。

成功的背后，是叶明儿常年深入一线“把脉问诊”，常常是农民一个电话，他就出发去往田间地头。“农业种植的问题有时候非常急，容不得拿回实验室细细研究。”叶明儿说，“农时不等人，这背后是农民的生计。”

2021 年下半年，湖州南浔区红美人柑橘园区西堡村村支书俞伟和浔琏家庭农场总经理章玉新等着急地打电话给叶明儿。“叶教授，我们这边的‘红美人’在不断发黄掉果，不知是什么原因，急死了，快来给我们看看。”叶明儿接到电话后，马上放下手头的事，驾车奔到南浔红美人柑橘园区大棚察看。柑橘发黄掉果的问题，叶明儿以前也从来没遇到过。通过观察分析，他发现有杂草的大棚果实发黄脱落得少，而没有杂草的则脱落得多。“我初步分析是大蚊子叮咬的原因。除掉橘园内的杂草就等于将躲藏在草丛中的蚊子赶到了橘树上，蚊子叮咬果实释放毒素，从而导致果实发黄脱落。”叶明儿马上嘱咐俞伟和章玉新等人喷杀虫剂进行防治。两天后，俞伟和章玉新开心地告诉叶明儿，“红美人”果实不掉了。“实践中发现问题，实践中解决问题，这样农民才能信得过你。”叶明儿说。

心里时时装着的是农民

为了农民，叶明儿不断“转行”。

永嘉县界坑乡黄岙头村曾是个农民年收入不足 3000 元的欠发达村。2008 年，叶明儿以浙江省科技特派员的身份入驻界坑乡后，利用当地海拔高、昼夜温差大等生态优势，帮助农民发展高山茭白生产。

“只要农民需要，我都可以从头学起，将技术传授给他们。”在入驻界坑乡的 10 多年里，叶明儿引进茭白品种 6 个，累计讲授标准化生产技术 23 次，培训 1976 人次。当地村民金李山说：“叶老师的金点子给村里带来了巨大财富。”现如今茭白种植规模达1300多亩，可以说是一个人托起一个产业，一个产业带活一方乡村。这个曾是永嘉县最偏远、最不知名的穷山村，现在却是永嘉面积最大、最具知名度的高山茭白示范村。叶明儿被入驻乡授予“功勋乡民”，也被省委、省政府授予“浙江省突出贡献科技特派员”称号。

叶明儿总是说：“作为农业工作者，最重要的就是接地气。碰到问题千万不能打退堂鼓，因为这后面是千万双农民的眼睛看着你。”

这千万双眼睛就是农民对美好生活的向往。众所周知，果树增产不是一蹴而就的，往往需要种植五六年后才能见效。因此，叶明儿要做的就是如何让果树尽快转化为农民的摇钱树。在这个过程中，他不知道跑了多少路，磨了多少嘴皮子。

毕业后，叶明儿就不断推广由他的导师李三玉教授育成的东魁杨梅。他在前辈的基础上，开发了一套早结丰产、优质高效的东魁杨梅栽培新技术，从而使这一品种在长江流域以南的山区得到快速推广种植。据统计，目前全国近40万公顷的杨梅种植面积中，60%是东魁杨梅品种，每年为农民增收约30亿元。

叶明儿通过矮化改良技术，使得本来要5年才结果的杨梅在第三年就能结果，他还耐心地教会农民树形培养与修剪等技术。他总说，农业发展要因地制宜，只要有利于农民增收的，他都会积极推荐，虽然很多并不是他的专业领域。

在农村这片希望的田野上，叶明儿用他的知识与技术为农业发展、农民致富贡献着自己的力量：“农民的钱包能鼓起来，农村与城市的差距能缩小，这就是乡村振兴的目标。”

（文：柯溢能 吴雅兰）

沈志成：瑞丰125，抗虫效果达96%

玉米是世界三大主粮之一，也是最重要的饲料作物，在中国的种植面积约6亿亩，排全球首位。2020年1月21日，农业农村部科技教育司发布文件，批准192个植物品种获颁农业转基因生物安全证书。

浙江大学农业与生物技术学院沈志成教授团队研发的转基因抗虫耐草剂玉米"瑞丰125"，便是其中获颁证书的两个玉米品种之一。这也是2010年以来，我国首次在主粮领域向国产转基因作物批准颁发安全证书。

从古老的微生物中发掘目标基因

“病虫害的侵蚀和杂草的竞争是玉米大田管理的中心任务，传统的手段很难提供相对完善的解决方案。”沈志成介绍，在玉米核心产区，俗称玉米钻心虫的玉米螟，不仅会蛀空玉米秆心，还会啃食叶片和玉米籽粒，导致减产。被玉米螟咬过的玉米籽粒还易得腐病，产生黄曲霉素等霉菌毒素，影响玉米的产量和质量。

早在《史记》中，古人就记载：“螟虫岁生，五谷不成。”“常用的农药手段很难克制玉米螟的野蛮侵食。”沈志成说，一来玉米秆高，喷洒效果不好，二来农药喷洒需要掌握精准的时机。

对杂草的防治难点在于“野火烧不尽，春风吹又生”。一块有用的耕地，有各种各样的杂草生长，低成本、高效率的方法就是喷洒除草剂。草甘膦是一种非常高效的灭生性除草剂，可惜不能应用在常规玉米上，因为玉米植株同样会被消灭。

如何让玉米抗虫、耐除草剂，是育种界长久以来的难题。而通过优势抗性功能基因的转入，改良玉米已经成为品种改良的一条重要技术路径。

“转基因技术并不容易，首先你得会做，还得有很长的时间做。”这些优势基因的筛选，如同大海捞针，早已数不清有多少微生物经历过他们的筛选池。

功夫不负有心人。2007 年，沈志成团队在微生物中找到抗虫基因；两年之后，又从古老的抗辐射细菌中找到了耐草甘膦的基因。2009 年，第一代转基因玉米在浙江大学实验室产生了，接下来经过了多年的安全评价、测试和鉴定，终于在 2020 年获得了农业转基因生物安全证书。

6亿亩乘以8%是一个天文数字

沈志成介绍，浙江大学独立发掘的“瑞丰125”转基因玉米携带Bt杀虫基因，能够表达一种高效的杀虫蛋白杀死玉米螟、棉铃虫等鳞翅目昆虫。其中，玉米螟防治效果达96%。与此同时，玉米粒霉变的比例也同步下降。

从多年的试验数据看，“瑞丰125”转基因玉米较非转基因玉米增产6%～10%。“这个数字看上去不高，但平均每亩产量增加了100斤。全国6亿亩，那就可以增产超过600亿斤。”沈志成认为，一旦通过品种审定，就意味着抗虫耐草剂转基因玉米能够降低损失而提高产量，对于保障我国粮食安全具有重要意义。

当然，沈志成在育种上的探索不止于此。他和他的团队发现就像人类对抗生素会产生抗药性，虫子也会进化产生对毒性的抗体，为此，对下一代品种的研制早已提上了他们的议事日程。

也有人质疑，既然对虫害有杀伤力，会否波及人体安全。

沈志成解释说，转基因植物所拥有的抗虫性，主要是转入了来自微生物的Bt蛋白，实验表明这类蛋白进入人体消化系统后会彻底降解为小肽和氨基酸，不会对人体产生影响。“这种毒素只对特定昆虫有效，对蜜蜂、瓢虫等有益昆虫是无害的。”他说。

应对长周期，早投入才有先发优势

种子是农业的芯片，在沈志成看来，基因是生物育种的芯片。

“转入的优势基因要从环境中寻找，比如杀虫的基因就主要向土壤微生物要资源。”为此，团队天南海北去挖土，寻找丰富的微生物资源。

生物育种研究能否成功的关键一步是获批农业转基因生物安全证书。安全证书意味着一个转基因产品经过了我国农业转基因生物安全委员会严格的安全评价审查和功能性状评价，可以安全地种植推广，造福人类。

根据我国《转基因生物安全管理条例》及配套规章，转基因安全证书申领全流程需要经过实验室研究、中间试验、环境释放、生产性试验、安全证书申请等程序。每一个环节都需要耗时1～2年。也就是说，转基因品种的研发周期相当长，可谓是十年磨一剑。“因此，转基因研发肯定是早投入才有先发优势。”浙江大学沈志成团队是目前国内比较早投入转基因玉米研发的团队之一。

多地多点交叉验证，是确保转基因玉米品种安全的必要条件。沈志成说：“从2017年申请安全证书到2020年1月正式获得批准，此前的验证试验我们就开展了5年以上。”

从2004年回国加入浙江大学算起，沈志成在国内从事转基因玉米材料的研发已有近20个年头。这种对生物育种的坚守，他认为是团队最重要的竞争优势。目前，沈志成团队已经申请了15个国内外专利，为转基因产业化提供了有力的支撑。

而与企业的合作则是高等学校生物育种研究走向产业化的重要桥梁。“生物育种与传统育种相结合是大学生物育种研发转化为具有竞争力的产品的重要途径。”沈志成说。

（文：柯溢能）

张天真：研发世界首个棉花精准育种设计平台

世界棉花看中国，中国棉花看新疆。新疆是我国棉花最重要的产区，占全国种植面积的78.9%。2020年，新疆棉花产量占全国棉花产量比重为87.3%。

在石河子、库尔勒和阿克苏，浙江大学农业与生物技术学院张天真教授团队都有试验棉田，每年他和团队成员总要飞越4000多公里从杭州去新疆的几处棉田看看棉花的生长情况。

张天真团队长期从事棉花的遗传学、基因组学与生物信息学研究和精准育种工作。至今团队已选育棉花品种20个，推广4000多万亩，取得了良好的社会效益和经济效益，同时团队也在育种前沿领域做了一系列探索，为我国从种质资源大国向种业强国进军贡献了自己的智慧和力量。

研发世界首个棉花精准育种设计平台

棉花是一种重要的纺织原料，也是世界上重要的经济作物之一。中国是世界最大的产棉国，也是世界最大的棉花消费国，有近3亿人参与其生产，全球一半以上的棉制品都是在中国生产的，这也使得棉花成为中国最主要的经济作物之一。我国2020—2021年度棉花产量约为595万吨，总需求量约为780万吨，年度缺口约为185万吨。高端原棉靠进口的现状制约着我国棉花产业高质量可持续发展。如何培育产量高、品质好的棉花品种成为迫在眉睫的问题，也是张天真团队数十年如一日的奋斗目标。

“我们常说，十年树木。要筛选出一个好的棉花品种，也要10年以上的时间，而且成功率很低。”张天真说，常规办法就是去地里选种，用眼睛观察，靠经验评估，不停杂交、不停选择、不停进行田间种植……要在初始阶段筛选出好苗子，有时候还得讲一些运气。

有没有一种方法在保证棉花品种产量高、品质好、抗病性强的同时，又能提高育种效率呢？

工欲善其事，必先利其器。张天真团队通过全基因组扫描技术，对7万多个棉花基因进行了系统研究，利用我国新疆流域、黄河流域、长江流域三大棉区的1000多份品种以及国外重要的育种骨干材料，鉴定出产量和纤维品质等重要农艺性状关联基因位点，开发了首款棉花全基因组育种液相芯片“浙大棉芯1号”“浙大棉芯2号”，从而可以快速、准确、高效地鉴定出优异亲本材料和基因资源，加快聚合育种的步伐。

“种业是农业的芯片，育种平台就好比是制造芯片的工厂。有了这样一个高精尖装备，棉花育种的效率大大提高，估计三四年就能出一个新品种。”张天真介绍，目前这个平台已开始投入应用，预计在不久的将来就能诞生新的棉花品种了。

高产优质抗病的新棉花品种呼之欲出

大丽轮枝菌是一种具有毁灭性的植物病原真菌。由大丽轮枝菌引起的棉花黄萎病每年都严重危害着我国棉花生产，造成棉花产量的减少和品质的下降。

“由于没有可靠抗原，黄萎病成了棉花的绝症，农药对它的效果不好，而且还会带来环境危害。每当看到棉农满脸的愁容，我们就想：怎样才能打败黄萎病，为棉农解忧呢？”张天真说。

为了解决这一难题，团队跑了全国 20 多个产棉地，采集了不同植物带土根系样本，从中分离纯化收集得到 8000 多株待测微生物菌株株系，通过人工培养和筛选获得了两株对黄萎病具有广谱性抑制能力的菌株。“它们能分泌一种物质，对棉花黄萎病的蔓延有明显的抑制作用。这种方法是利用自然界体系中的元素互相对抗，‘以毒攻毒’，但对环境又是无害的。”张天真说。

目前，团队已经获取了可以用于黄萎病生物防治的有效微生物菌株和可以用于抗黄萎病生物农药制剂生产的有效成分化合物，并获得授权国家发明专利 2 项。

更令人振奋的是，针对黄萎病以及枯萎病，团队已经培育出一个新品种“浙金研-2”。

“我们以抗黄萎病自育品系 X400 为母本、丰产型品种新陆中 34 为父本进行杂交，选育出产量高、品质好、抗病性好的早中熟陆地棉品系——浙金研-2。”

2019 年，“浙金研-2”参加了国家新疆西北内陆早中熟组棉花新品种区域试验，产量指标是对照组的 112.2%，居参试组第二；两年黄萎病抗性表现最好，抗病指标居参试组第一。2020 年，“浙金研-2”又参加了生产试验，依然保持着产量高，长势强劲，整个生育期不发病、不早衰等优良特性，具备广阔的应用前景，有望能通过国家棉花品种审定专业委员会审定。

近千万吨棉籽有望“去黑头”再利用

棉籽是棉花生产重要的副产品，别看棉籽很小，却是一种优质的植物油和蛋白资源，具有重要的利用价值。全国近 5000 万亩的棉花基地每年能生产棉籽近千万吨，可以说小棉籽蕴藏着大产业。

可是，要想把棉籽榨成棉籽油、提取棉籽蛋白，进一步提高综合利用价值，却面临着一道关卡。

如果我们仔细观察棉花，就会发现在其青绿色的植株上散布着一个个小黑点，棉籽上也有，就像是鼻子上的黑头，有点影响颜值。这些小黑点叫腺体，里面包裹着棉酚，它们就像是“防身符”，可以帮助棉花植株防御病虫危害。然而，棉酚对人和非反刍动物有严重的毒害作用，妨碍了棉籽的高效利用。但是如果抹掉这些小黑点，棉花又容易生病，真是进退两难。

怎么办呢？团队利用转基因技术培育了一种新的棉花，保留了植株上的黑点，去掉了棉籽上的黑点，这样一来，既能让棉花防御病虫危害，又能让棉籽得到更好的利用。这项成果目前正在为市场化应用做进一步研究。一旦投入市场，将为新型低酚品种的开发利用、粮—棉—油—饲一体化经济作物的精准培育打下基础，具有广阔的应用前景。

张天真说，近年来我国棉花的种植面积在逐年下降，但对棉花的需求却是在不断上升，这就需要我们培育出更高产的棉花品种。“农业都是从种子开始的。种子好了，就好比有了先发优势，再加上后面科学的耕培、管理，就能有好收成。所以种业可以说是农业的一号工程。”

在浙大工作的这些年，张天真所率领的这支棉花精准育种团队瞄准国家重大需求精耕细作，已在国际高影响力学术期刊 *Nature Genetics* 发表论文 2 篇，在国际高水平期刊 *PNAS*、*Plant Cell* 发表论文 2 篇。该团队还荣获了教育部 2020 年度高等学校科学研究优秀成果奖——自然奖一等奖，同时入选 2019 年度浙江省领军型创新创业团队。

对于多年的育种工作，张天真最大的体会是：只有充分了解实际生产中的问题，才能有针对性地去研究问题、解决问题；再高精尖的理论或是技术，只有“接地气”，才能真正地发挥作用，育出好品种，结出好果实。

（文：吴雅兰）

卜佳俊：让视障者顺畅上网

“无障碍建设惠及的不只是残疾人，而是面向所有人，让任何人在任何情况下都能平等地、方便地理解、交互和利用信息。”浙江大学研究生院副院长、信息无障碍技术标准联合工作组秘书长卜佳俊说。

12 月 3 日，是一年一度的国际助残日。2019 年，是卜佳俊从事信息无障碍建设的第 12 个年头，也是浙江大学“中国残疾人信息和无障碍技术研究中心”成立的第 10 年。经过多年的努力，以光学字符识别(OCR)技术为代表的信息技术已经在互联网上为视障人开拓了一条宽敞的“盲道”，国内无障碍信息建设也开始走上“快车道”。

缘　起

“一分钟盲打 300 字，我被震惊了”

2007 年，刚从国外访学归来的卜佳俊，做的第一件事便是跟随陈纯院士共同致力于与残疾人相关的科技项目研究。据 2007 年残疾人二次抽样调查结果，我国有 8296 万残疾人，占全国人口总数的 6.34%，涉残人口 2.6 亿。面对这一庞大的群体，国家并没有建立完善的数据库来记录残疾人的残疾类型、残疾等级等信息。“从那时起，我们一直在思考，如何利用科技的力量帮助残疾人弥补身体上的缺陷，使他们跨越障碍，获得康复、教育和就业的机会，最终融入主流社会。”

2009 年，中国残联与浙江大学共同创办了“中国残疾人信息和无障碍技术研究中心”。该中心结合中国残联的实际需求及学校的特色优势，将理论研究、技术研发、应用普及、标准制定和人才培养作为主要任务。

让卜佳俊下定决心做好无障碍建设的还有这样两件小事。一次，他出席了盲人打字比赛。由于参赛选手视障等级不同，为了公平起见，所有电脑全部背朝参赛选手，用读屏软件反馈的语音形式进行打字。

令他吃惊的是，有些参赛选手一分钟能打 300 字，这相当于是专业速记员的水平。“这个感觉太震撼了，当时我就觉得，这辈子应该做好程序设计，惠及这些人。”

另一件事来自北京理工大学的一位脑瘫患者。“他通过网络主动联系我，希望我为他提供学术上的帮助。尽管他的研究方向和我完全不同，但我还是想办法联系了国内著名的专家帮他修改论文，之后我又专程到北理工跟他当面交流，并在他毕业后帮他找到了合适的工作。”

这次经历也让卜佳俊体会到了助人的快乐，让他坚定了要把信息无障碍建设当成一份事业去追求，再难也要坚守的信念。

2017 年 7 月，中国残疾人联合会与浙江大学签署战略合作协议，双方将在进一步共建“中国残疾人信息和无障碍技术研究中心”的基础上，围绕残疾人康复、残疾预防、辅助器具、教育、就业、信息化建设、大数据与“互联网＋”助残服务等领域开展全面合作。

情　深

“希望无障碍信息研究的标签再强一点”

“我原来是做嵌入式多媒体系统的，但现在我不断在强化另一个标签，想让大家知道我主要是做信息无障碍建设的。”对于卜佳俊和团队来说，做信息无障碍建设更像是一次科技与公益的深度碰撞——碰撞产生的火花，不仅激励科研人员，也为视障人士带去了“曙光”。

“现在智能手机基本上都配有读屏软件，许多地方政府也在改版网页，以符合视障人士的使用需求。但我们发现，由于没有统一的检测工具，手机的软件有时无法发挥关键作用，网页的改版也往往成效甚微。”为了解决这一难题，团队起草了《读屏软件技术要求》《信息技术 互联网内容无障碍可访问性技术要求与测试方法》等国家级标准，以更好地规范软件设计标准，检验网页改版成效，推动信息化工作取得实质性进展。

一直以来，中心围绕主要任务，在前沿理论、关键技术攻关和应用研发等方面取得了丰硕的成果。在顶级国际期刊和会议上已发表的 100 多篇学术论文中，一篇关于如何提高信息获取效率的论文拿到了人工智能领域最有影响力的国际会议——AAAI 2012 最佳论文奖，这也是该顶级国际会议创办 39 年来唯一一篇由中国学者递交的获奖论文。

而在互联网上，这条由浙江大学“中国残疾人信息和无障碍技术研究中心”团队亲手搭建的“盲道”日益显示出巨大的实用价值：中国盲人数字图书馆覆盖 116 个国家，累计访问人数达 300 多万；央视春晚无障碍网络直播系统连续 3 年（2011－2013 年）向 15 个地区的 50 万人提供在线无障碍直播服务；中国残疾人服务网已为 3000 多万持证残疾人提供了服务……

“从事信息无障碍建设 12 年，我感到无障碍建设是我国信息化建设发展的必然要求，也是消除信息鸿沟、弘扬现代文明的重要途径。”卜佳俊感慨地说。

希　冀

“科技助残，我能做的还有很多”

从 2008 年北京残奥会到 2010 年上海世博会的多种解决信息障碍的方案，从 2010 年广州亚残运会到雄安市民中心的无障碍规划方案，尽管中心已建树颇丰，卜佳俊仍觉“意犹未尽”。“目前，国内信息无障碍的人才教育和培训体系几乎是空白的，甚至还没有专门的学科。软件学院的课程可以灵活设计，这使得我们有可能开设特制课程，去做一些有意义的事情。”他想做这个“吃螃蟹的人”。

过去 10 年间，依托浙江大学雄厚的学科背景，中心已经为中国残联举办了多次全国残联系统县级残联干部信息技术高级研修班、省级残联网站信息无障碍技术培训及地市级残联干部信息化和无障碍技术培训等，累计培训近 2000 人。此外，学校还与从事信息无障碍相关领域教学和成果运用的北京联合大学、长春大学、浙江特殊教育职业学院等合作，开展教学科研和成果的运用与转化。

让团队成员们感到欣慰的是，现在有许许多多的年轻人将目光投向了特殊人群。在刚刚结束的5G应用设计揭榜赛校园分赛中，来自软件学院的研究生提交的"基于5G技术的'重明'智能盲杖设计"不仅摘得校园分赛一等奖，还获得了5G应用设计揭榜赛京东特别奖。"盲杖硬件＋手机APP软件"的组合，辅之以5G技术、城市物联网、图像识别等技术，能为盲人提供有效的道路信息，及时提醒盲人避障，保障盲人出行安全。

"我们可以看到文化对于孩子们的熏陶，他们开始学会用科技的力量，帮助特殊人群更好地融入主流社会。"卜佳俊说。

此外，浙大信息无障碍团队还希望借助社会力量，专门培养一批盲人体验测试员。"科技本身是为需求服务的，我们希望由专业的测试员为企业或政府服务，通过测试员来体验新设计、新产品好不好、行不行。"团队成员们期待着，未来盲人体验测试员能成为一个新职业，带动视障人士就业。

（文：周亦颖）

第二章

开辟新赛道

杨华勇：为盾构装上“中国心”

地铁6号线2期近日开通、10号线计划年底通车……随着杭州第19届亚运会的筹办，杭州地下轨道交通建设又掀起了新浪潮。

地铁工程开挖隧道，离不开一个重要的开路先锋：盾构。有报道说最多的时候全球同时有300台盾构在地下默默工作着——中国盾构行业的蓬勃发展也可见一斑。

然而，时光倒转20年，中国的盾构机市场还一直被外国公司垄断，“洋盾构”的单价动辄五六千万元，还老是“闹脾气”，不时造成装备损坏、工程延期、人员伤亡，中国企业只是担任了“施工队”与“整机装配队”的角色，一遇到问题只能干着急。

怎么办？“我们自己的事，必须全力以赴！”

中国工程院院士、浙江大学机械工程学院杨华勇教授带领团队成员经过10多年的产学研联合攻关，攻克了盾构自主设计制造关键难题，给盾构装上了“中国心”，大力推动了中国盾构设计制造的产业化。至此，中国终于打破“洋盾构”独霸一方的局面。

目前我国已经实现直径16米及以下盾构机的自主设计和量产，形成郑州、长沙、常熟等多个盾构产业化基地。国产盾构不仅在掘进速度和性能上表现优异，占据国内新增市场份额的95%以上，而且走出国门，名扬四海。中国已然进入了盾构装备设计制造发达国家行列，并引领未来发展！

求人不如求己

盾构是一种现代化隧道掘进专用的大型工程机电成套装备，工作的时候就像蚯蚓钻洞，"啃"地下的土石，然后将其变成泥石饼吐送到身后的传送带上，再运出隧道。以盾构代替大量工人和风镐、钢钎，可以极大地提升工作效率并改善安全性，已经被普遍应用到隧道挖掘工程中。可以说，修地下管道，建地铁，造高速，挖掘跨越江河、洞穿大山的隧道，都离不开它。

21世纪以来，我国交通建设如火如荼。由于开挖隧道的需要，从国外进口了大量盾构，虽然使用起来上手很快，但是一旦出问题就蒙圈了——不会修。如果求助于国外技术人员，要等很长时间，可工程进度耽搁不起啊。有的时候，杨华勇就会被请去扮演"急诊医生"的角色，去施工现场救急。

在“出诊”的过程中，杨华勇了解到，德国、美国等少数跨国公司掌握着盾构的核心技术，不但在我国赚取高额利润，还依靠技术垄断制约我国重大工程建设的速度，时不时就“玩一次心梗”。

被人掐住咽喉的滋味不好受，杨华勇决心带领团队设计出中国自己的盾构，“我们的目标是改变长期依赖国外的局面，争取掌握自主设计制造盾构的能力，不再受制于人”。

电液驱动、推进和控制系统的研发，是盾构的“心脏”，是国外技术封锁最严的部分，也是盾构隧道工程施工中，解决失稳、失效、失准三大国际性行业难题的核心所在。杨华勇团队以此为突破口，联合企业共同攻关。

盾构这样的大家伙，只要方向稍微有一点点误差就会严重“跑偏”，所谓“差之毫厘，失之千里”。如何在设计的时候就预防性纠偏？杨华勇团队首次提出了基于盾构姿态预测的推进控制方法，发明了盾构推进压力/流量复合纠偏技术，研制了盾构电液推进系统，实现了掘进方向的准确控制和大曲率转弯时的姿态调整。国内首台大直径11.22米泥水盾构“进越号”在世博会重大配套工程——上海打浦路复线隧道掘进中，创造了同等类型盾构最小转弯半径380米的世界新纪录。

从理论到实践再回到理论，一遍遍仿真计算，一遍遍试验，一遍遍修改，团队就这样不断“逼”自己完善再完善。在研制过程中，杨华勇和团队成员不知道跑了多少次工地。他说：“离现场越近，就越能发现工程中的关键技术问题，也越能解决问题。”

终于，团队解决了失稳、失效和失准这三大国际性行业难题。集成了压力稳定性控制、载荷顺应性设计和姿态协调纠偏控制三大创新成果的盾构成套关键技术也呼之欲出。在历经十余年的研究过程后，团队获得了盾构设计制造的完全自主知识产权，其中包括授权发明专利 77 项、软件登记 16 项、国家及行业标准 2 项以及一批高水平论文和专著 3 部等。

从跟跑到领跑

2008 年，杨华勇团队研制出国内首台复合盾构。“盾构有个特性，只能朝前打，不能往后退，而地铁线路又是由地面人群分布决定的，不允许废弃重来。”杨华勇说，新研发的国产盾构带来的未知风险使得起初施工企业谁也不愿意第一个尝试。

在种种努力之后，天津地铁 3 号线营口道—和平路标段的地下隧道掘进工程施工方决定率先“尝鲜”。

这一标段地处天津闹市区，沿途不仅有张学良故居、渤海大楼这样的文保建筑，还有一座由 4000 多件古瓷器、400 多件汉白玉石雕、40 多吨水晶石与玛瑙、7 亿多片古瓷片装饰而成的瓷房子。

业主单位要求盾构隧道掘进导致的局部地面沉降要远低于国际标准规定的 30 毫米，结果这一首台国产复合盾构交出的成绩单是局部地面沉降 2 毫米。“知道这个结果后，大家都舒了一口气。当初机器运到施工现场的时候，我们是先斩后奏，没敢说是国产首台样机，现在我们终于可以扬眉吐气一回了。”

国产盾构研制成功，正好赶上中国各大城市发展地下轨道交通的大潮。过硬的技术再加上不断积累的信心，杨华勇团队研发的国产盾构终于实现了产业化，替代了进口。经过与德、日、美顶尖产品的激烈竞争，国产盾构机还出口到了新加坡、印度、马来西亚、泰国、以色列等四大洲 27 个国家，其中包括盾构的老家法国和制造业传统强国俄罗斯。“之前我们一直依赖进口，国外盾构价格抬得很高，以 6.3 米地铁盾构为例，原来要 6000 万元左右一台，现在降低到了 3000 万元左右。我们掌握了核心技术，就再也不受发达国家欺负了。”

随着我国社会经济的快速发展，盾构在地铁、公路、铁路、水利等基础设施建设中发挥的作用越来越大，目前我国已成为盾构需求最大的国家，占全球市场 65%以上。而且，由于盾构的关键技术难度大、产品附加值高，盾构装备的自主设计制造能力从一个侧面反映了一个国家装备制造业的水平。我国盾构行业从跟跑到领跑的过程，再一次证明了：只有自己掌握了核心技术，才能掌握发展的主动权。

杨华勇说：“国家大量工程急需，这是时代给我们的命题。现在有了国产盾构，大型建设工程如虎添翼，国民经济发展得到了有力保障。我们也算是为国家解决了一个棘手的难题。能够通过自己的工作为国添砖加瓦，我们感到很幸运。”

加强“造血功能”

杨华勇带领团队走出了一条自主研发的成功之路，实现了重大装备“中国设计—中国制造—中国品牌”的跨越式发展。2013 年 1 月，这个以浙江大学为第一完成单位的“盾构装备自主设计制造关键技术及产业化”项目获得了 2012 年度国家科技进步奖一等奖。

虽然已经取得了令人瞩目的成绩，但团队前行的脚步不曾停歇。杨华勇说，社会进步有两个驱动力：一个是技术创新，一个是需求牵引。“国际前沿，大家都盯着，但是生产生活中的实际需求，却容易被忽视。我们要做的就是增强产业的‘造血功能’。”

2012 年，杨华勇团队开始向硬岩盾构进军。相比普通盾构，硬岩盾构的“牙齿”更锋利，主要用在岩石隧道的掘进上，因此更适用于地质更硬的西部地区。不过，硬岩掘进装备的设计技术要求更高，面临的三大国际难题是掘不快、掘不准、掘不动，为此团队采用了与以往不同的技术创新思路，成功设计制造了国内首台全新硬岩掘进装备。

国产装备与进口装备同场较量的好戏又一次上演。

在“引松入长”工程中，两台直径8米的国产硬岩掘进装备样机与一台进口的硬岩掘进装备一起工作，建设起从松花江到长春的地下“水动脉”，无论是时间、里程还是工程质量，国产硬岩掘进机性能都超越国外同类产品，而价格要比国外的便宜三分之一，国产装备又一次战胜了进口货。长沙、郑州国产装备生产基地由此拿到了后续几乎全部订单，目前国产硬岩掘进装备也已经批量出口。

同时，智能盾构也成为团队在研的重点工作之一。杨华勇希望在引入包括大数据和实时视频系统在内的最新信息技术后，可以逐步实现盾构的智能设计、操作和远程维护。

在盾构方面，随着技术工艺的日渐成熟，直径也越做越大。如今，杨华勇团队准备开始设计制造直径18米的超大盾构机，它的横截面有6层楼那么高，如果挑战成功将成为新的世界纪录。

随着更多城市将地铁建设纳入城市发展规划，再加上高铁、高速公路、西气东输、南水北调、城市地下管廊等重大工程的需求，可以预见，盾构这个“国之重器”将继续在华夏大地上穿山过江、大显身手。

杨华勇说：“未来，我国地下空间开发的规模会越来越大，我相信下一代的盾构技术也会打上中国烙印，中国一定会成为国际市场的风向标。”

（文：吴雅兰）

任其龙：将热爱的科研事业做到极致

扎根浙江大学四十余载，母校情深，化学工程与生物工程学院任其龙教授是“土生土长”的浙大人。潜心化工学科，肩负期盼，任其龙是化学工程与生物工程学院走出的第一位中国工程院院士。直面“卡脖子”难题，勇往直前，任其龙在服务社会的同时践行科研的意义，在教书育人的同时展现师者的初心。

“振兴浙大化工，我们这代人是有责任的”

1978 年，高考化学成绩优异的任其龙考入浙大化学工程系。一段长达四十余载未曾间断且仍将继续的求是情缘，由此开启。

在玉泉校区、老和山下，任其龙度过了自己的大学时光，先后获得了浙大学士、硕士、博士学位。“我的导师是吴平东教授。他对学生很好，做科研也很细致，喜欢做一些能解决实际问题的项目，他常教导我们做课题要扎扎实实。”任其龙说，“我现在回忆，一代代师生传承，还是会有痕迹留下来的。”

学生时代，获得过多次学校运动会“长跑冠军”的任其龙，可以说是不折不扣的“运动达人”。本科读书期间，任其龙参加浙江大学校运会一万米长跑比赛，曾打破当时的学校纪录。他曾在一万米跑最后两圈有所保留以节省体力参加接下来的 4×400 米比赛的情况下，跑出过 35 分多钟的好成绩。任其龙笑着说道：“搞体育的人是不服输的，毅力肯定没问题，还有就是团队精神也很重要。”

而今 40 多年过去了，昔日青涩的学子已成长为化工学院的第一位工程院院士。

谈及当选院士的心情，“责任”一词在任其龙的话语中反复出现。“能有幸当选院士，确实很高兴，但我体会更多的是责任感和使命感。”他说，“化工学院的前身是创立于 1927 年的浙江大学化学工程系，它是我国第一个化工系。发扬求是精神和老化工优良传统，振兴浙大化工，使其上升到一个新的高度，我们这代人是有责任的，要争口气。”

“国家的需要就是科研的意义”

国家和社会的需求是任其龙潜心科研数十年不变的导向。“工科科研不能光自己闷着头干，要处理好校内校外的关系，要与国家和社会的需求相结合。在这个过程中，既满足了国家和社会的需求，也能反过来推动基础理论研究向前迈进。”任其龙说。

如何攻克化学工程领域的“卡脖子”技术难题，助推国家产业转型升级？任其龙及其团队孜孜以求。

在2018年国家科学技术奖励大会上，由任其龙领衔的“天然活性同系物的分子辨识分离新技术及应用”项目获国家技术发明奖二等奖。这一次，任其龙瞄准的靶心是制约我国新药创制与大健康产业发展的关键技术。

长期以来，我国用于医药创制的关键技术——天然活性物质分离制造技术水平与国外相差巨大，受到严重的专利与技术封锁，高纯活性单体90%以上依赖进口，高端产品市场份额仅占全球3%。“制药原料被国外垄断，卖与不卖、卖什么价全凭他们说了算，卡我们的脖子，这怎么行？”为了突破技术封锁，任其龙带领团队“轮班倒”进行科研攻关，解决了分子选择性低、分子辨识分离差、分子易乳化、容量小等一系列问题，建立了天然活性同系物分子辨识分离新方法与技术平台，并成功投入产业化应用。一个项目，十余年产学研结合攻坚克难，从此，我国天然活性同系物高纯单体制造在世界赛道上实现“弯道超车”。

类似的项目其实还有许多。长期从事化工分离领域的应用基础研究和工程实践，创建分子辨识分离工程平台技术，实现生物基原料到高端化学品的高效制造，任其龙取得了一系列创新成果，为我国化工、制药等行业的绿色生态转型发展做出了突出贡献。

“紧扣国家社会的需要，是我们的责任。”在任其龙看来，“中国是一个化工大国，化工领域还有很多问题等待着我们去突破，而直面它们便是科研的意义所在。”

“老中青结合，重视‘传帮带’”

除了做好学术科研，加强人才引育、团队建设、学生培养等，也是任其龙时刻挂在心上的事。

“就工科而言，做好团队建设尤为重要，要老中青结合，重视‘传帮带’，不然年轻人无法获得充分成长，工程也没法做好。”在2009年至2017年任化工学院院长的8年间，任其龙尽心尽力，竭尽所能进一步发展学科，优化学院人才生态。而今，学院当时引进的如陆盈盈、柏浩等年轻一代逐渐开始成为活力四射的创新生力军。

在教书育人的道路上，任其龙前行的脚步未曾有片刻停歇。他总是严格要求学生，强调做学术不能“忽悠”、马虎，鼓励学生要有品格、有实力。自认为是“严师”的任其龙，在学生眼中，则是一位“看上去有点威严，实际接触起来很亲切的老师”。

“我做本科毕业设计时就在任老师的课题组里。任老师工作很繁忙，却总会抽出时间与我们讨论，指导方向。论文成稿后，任老师也很细致地给我提了很多修改意见。”目前已经是化工学院制药工程专业研三学生的郑芳说道，“毕业设计期间，我不小心摔伤了腿，任老师一直很关心我的伤情和恢复情况，让人觉得很暖。任老师把学生的事牢牢挂在心上，我很庆幸能跟着任老师继续学习。”

科研人的前行路没有终点。如今，任其龙又把目光投向了更广阔化工领域，他将继续在化工分离领域的应用基础研究和工程实践中扎实前行，为解决我国医药化工、轻工食品、资源利用等诸多社会现实问题，打破发展瓶颈，挑灯探路。

（文：金云云 樊畅）

王建安：耕耘近四十载，专注于“心”的救治

当医生是浙江大学医学院附属第二医院党委书记、心脏中心主任王建安从小的理想。坐门诊、做手术，可以直接救治病人；通过科学研究解决疑难杂症，可以帮助更多的患者。王建安把这两者结合在一起，在心血管病的临床诊治和科学研究领域耕耘近40年，用良心和爱心，专注于“心”的救治，带给病人更多新的希望。

“接触的病人越多，越了解病人的疾苦，就越能感受到医学的有限性，唯有创新、再创新，丝毫不敢松懈。”王建安说，当选院士是对过去工作的认可，更是一份沉甸甸的责任，“未来我将围绕国家医学领域的重点问题进一步开展研究，同时跳出自我、跳出医院，积极推动学科发展、带动行业进步。”

守护“心门”

心脏就像一栋房子，它有四个房间，瓣膜就好比是房间的“门”，每时每刻都在“开门”“关门”。时间长了，“门”就很容易坏，要么关不上了，要么打不开了。这就是心脏瓣膜疾病。

目前，我国65岁以上人群心脏瓣膜疾病患病率超过10%，预计

2050 年患病人数将超过 4000 万。同时心脏瓣膜疾病也有着高死亡率，以主动脉瓣狭窄为例，一旦出现症状，2 年死亡率超过 50%。

传统的治疗方案是做全麻开胸手术，让心脏暂时停跳，打开修复后再缝合、复跳，但这种方式不适用于一些年龄大或基础疾病多的患者。

2002 年左右，国外有了新技术，不用开刀，通过介入的方式来修复瓣膜。如何让国内患者受益？王建安是首批将其引入国内并进行改造提升的医生之一。“我们注意到，与西方不同的是，中国患者有将近一半是二叶瓣狭窄（主动脉瓣重度狭窄合并二叶式主动脉瓣畸形），有很多病人钙化严重，瓣膜在挤压之后很容易滑下去或者弹出来，治疗效果大打折扣。”

怎么办？王建安决定研发中国人自己的瓣膜产品和介入技术！

他把研发工程师请到手术台边观摩，研究器械的改进方法。经过一次次的设计、实验、改造，团队开发了适用于严重瓣膜病（如二叶式主动脉瓣畸形）的创新产品。2017 年，80 多岁的林女士（化名）因主动脉瓣重度狭窄合并二叶式主动脉瓣畸形，住进了浙大二院，王建安亲自操刀，从患者大腿内侧将瓣膜通过一根圆珠笔芯粗细的导管精准地送入心脏，为病人安上了一扇新的“门”。植入林女士体内的这个人工瓣膜产品，正是我国第一个拥有完全自主知识产权的可回收和精准定位的经导管人工心脏瓣膜。2020 年，王建安团队产学研合作开发的新一代瓣膜产品获国家药监局批准上市，目前在全国市场上三年平均占有率达到 65%左右。王建安说：“大部分病人喘着大气进医院，接受我们介入式置换心脏瓣膜的手术后，第二天就能出院。”

创新的脚步没有就此停下。在实践的过程中，王建安发现了新的问题：“门”与“门框”不相配。要解决这个问题，就涉及如何测量瓣膜

"这扇门"的尺寸。传统的方法是通过 CT 成像来估算,王建安创新采用球囊扩张预测法,让"门"的尺寸更小、更贴合"门框",这样一来植入更精准,手术安全率和成功率提高了,并发症也显著下降了。

这套更适合中国人的瓣膜和技术被称为"杭州方案",得到了国内外同行的高度认可,被越来越多的国家和地区所接受。

多问一个"为什么"

想学医,想把医学好,是王建安打小的目标。大学本科的时候,他读书上瘾,如果手边没有书就浑身觉得不舒服,"教材就像刻在脑子里一样,你随便举个例子,比如问急性胆管炎的临床表现有哪些,我可以马上说出这是在《内科学》的第几页第几行。"

渐渐地,王建安发现要做一个好医生,光是"熟读经书"是不够的。什么情况下会痛?为什么出血多?是先放疗还是先化疗……他经常把老师问得答不上来。面对一个个危及病人生命健康的问题,王建安从研究生时期就开始了临床研究,他明白,医生要善于把临床问题转化为科学问题,最终通过创新研究找到破解之道。

早年间的一次新英格兰医学杂志社总部的参观之行让王建安印象深刻:"他们对于临床试验证据的要求非常高,到了近乎苛刻的地步,这也让我对通过严谨的科学设计去解决临床问题有了新的启发。"

"多问一个为什么,也许你就离真理又近了一步。"王建安正是凭借孜孜以求的探索精神,解开了心血管领域的一个又一个谜团。

例如,心脏支架需不需要植入就是一个值得慎重考虑的问题。"这项技术问世的时候,适应证比较宽泛,没有明确而具体的标准,"王建安说,"而随着技术的发展,我们急需规范支架的使用。严重的病变需要植入支架,轻的则不用,这很清楚,那么处于临界状态的病变,何时需要干预则还不明确，如何精准指导支架植入仍有待回答。”

围绕这个关键科学问题，王建安带领中外多家医学中心和多个顶尖医学团队开展了长达数年的随机对照研究，通过比较功能学指导的介入策略和影像学指导的介入策略，揭示了与影像学指导的策略相比，功能学指导的策略可以在保证治疗效果的同时显著减少介入治疗比例，继而可以减少21％的支架植入。

这一成果为精准介入治疗提供了高质量的循证依据，开创了冠状动脉腔内功能学与影像学比较的先河，也成为中国人主导的在新英格兰医学杂志发表的第一个心脏介入研究，被欧洲心脏病学会官方杂志评为2022年全球心脏介入十大研究成果。业内专家认为，在冠心病患者日益剧增、医疗资源相对匮乏的今天，这项研究具有重大的卫生经济学意义。

多重身份不变“初心”

是医生，也是科研工作者；是老师，也是医院管理者。王建安的时间表精确到每一分钟，虽然他在不同身份中无缝切换，但治病救人的初心始终不变，“良心是行医的底线，对患者的爱心却没有上限”。

正如他指导学生时会反复提的问题：“实验数据是不是真的？”“这个结果是偶然的吗？”“实验能不能重复？”

正如他给新员工上课讲的那样：“医学是非常特殊的职业，我们的行为，可能会影响到一个人的一生、一个家庭、一方百姓，我们守卫的是健康，是患者的信心，是社会的期望。”

也正如他带领的浙大二院团队关注的每一个细节：听诊前主动把听诊器暖一暖，院外天桥台阶处增贴醒目的反光警示标志，用病案号取代名字叫号以保护患者隐私……

医者仁心，不是挂在嘴上，而是体现在行动中。

“医学专家，是累积前人经验，为患者看病，治疗成千上万的病例；而医学科学家，是在未知生命领域一点一滴地提炼这些经验，将个人的力量呈几何级数倍地放大。但本质都是为病人服务。”王建安说，对得起病人，心里才踏实。

他说，要解决大问题，素质、能力、视野缺一不可，“科学并不总是按照你预想的来，很多想法做着做着就失败了、淘汰了，并不是所有的研究都会有结果。攀登高峰就是不断接近真理的过程，这也需要一代代人的不懈努力”。

（文：吴雅兰）

汪四花：医者仁心在路上

2021 年 2 月 26 日上午，全国脱贫攻坚总结表彰大会在人民大会堂举行。浙大二院党委委员、工会主席汪四花荣获“全国脱贫攻坚先进个人”称号。

从江南水乡，走进黔山苗岭，这是一次跨越千里的使命践行，也是一次仁心守护。2016 年 9 月初，浙大二院汪四花受组织委派，跨越千里，扎根贵州大山，在贵州贫困山区台江县人民医院担任院长，主持医院全面工作，坚守台江近 5 年。

在这 5 年中，汪四花是当地百姓口中的“四花院长”，她以爱为薪火，为当地百姓的健康保驾护航，带领台江县人民医院从原来的垫底医院，成长为具有区域性影响力的县级综合医院，荣获国家卫生健康委对口帮扶工作专项督导检查全国第一名。

手捧沉甸甸的奖杯，汪四花难掩激动心情：“决胜脱贫攻坚，征程未有穷期。我在台江的 5 年时间里，深刻领会到脱贫攻坚，是以人民为中心的生动实践。感谢浙江大学、浙大二院，它们是我这些年的坚强后盾；感谢与我共同战斗的帮扶团队，克难攻坚，苦干进取；感谢台江县人民医院全体同事对我的信任，我们携手共进，扶志扶智并进。

帮扶一时,牵挂一世,作为一名医务工作者,我将以台江帮扶经验为积淀,继续在统筹衔接乡村振兴的接力赛中,发挥作用,护佑人民健康,这是我藏在心中沉甸甸的责任。”

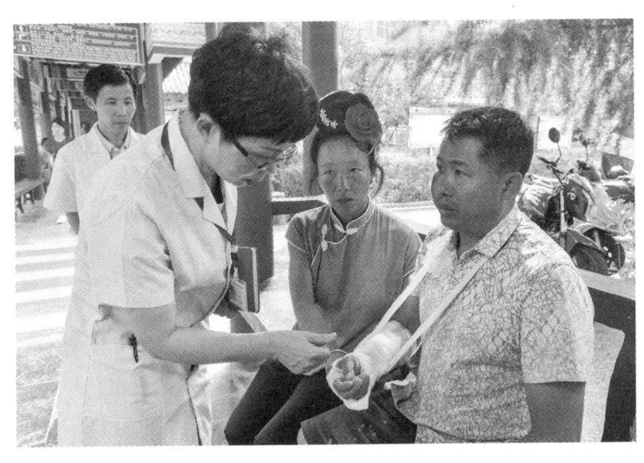

四花院长和台江分院的故事

被誉为“天下苗族第一县”的台江县有17万人口,属于国家级贫困县。2016年4月,应中组部帮扶台江工作组和台江县委、县政府之邀,浙大二院与台江县人民医院缔结对口帮扶关系。一个月后,台江县人民医院有了新的身份——浙江大学医学院附属第二医院台江分院。

作为组团式帮扶的核心人物,浙大二院急危重症科护士长汪四花被委以重任——担任台江分院院长。带着组织的委托,去台江前刚做过手术的她,一到任便带着病体马不停蹄地开始了工作。

“既然来了,就要干一番实事!”深入病房、了解情况、交流调研、找职工谈话、召开座谈会成了她除吃饭、睡觉外的全部生活。通过无数次的调研、访谈,她发现医院帮扶的困难程度远远超出她的想象,技术、人才、基础设施,尤其是思想观念都急需提升。

看到台江老百姓大病小病都要往凯里跑,来回一趟的花销非常大，汪四花心痛了，她决定要为当地老百姓做些事。汪四花带领帮扶专家们为台江分院量身定制了发展大计，并有条不紊地付诸行动。

因地制宜，精准帮扶

抓好源头，要从根本上改变。从事管理工作多年的她，决定“第一把火”先从制度烧起，用制度来约束人。

通过与班子成员、各科室负责人交心谈心，认真梳理医院存在的问题，并借鉴“娘家”的成功经验，团队制定和改进了300多项规章制度和工作流程，推行“整理、整顿、清扫、清洁、素养和安全”为内容的“6S”管理活动，倡导“患者和服务对象至上”的服务理念。为推进制度与流程落地，团队采用“四部曲”：培训—考核—稽查落实—改进结果四步推行，与年度目标责任挂钩等相结合，成功将6S管理新理念和国际先进管理理念“嵌入”台江分院的管理和运营。

汪四花常常说：“只要是患者反映服务态度不好的、影响和妨碍医院工作的事和人，都要一查到底，给患者和大家一个交代，这些得罪人的事我来负责。”

在她强有力的推动下，不到半年时间，医院的面貌悄悄变了：院区标识清楚了，库房整洁了，道路平整了，车辆停放有序了，院区环境干净了，医院整体形象得到显著的提升。医院职工对汪四花的满意率超过95%。

欲善其事，先利其器

提升内部动力，是医院生命力的源泉。台江县人民医院要在5年内打响知名度，实现帮扶既定目标，任务非常艰巨。为此，中组部驻台江扶贫工作组、浙江大学、浙大二院成了汪四花帮扶团队最大的依靠。

在扶贫工作组的支持下，汪四花曾多次深夜十一二点坚持参加台江县委扩大会，积极争取台江县委、县人民政府的支持，化解医院债务，解决人员编制，解除临聘人员的后顾之忧。

近5年来，浙江大学、浙大二院从人力物力等方面大力支持医院发展：帮医院创建了消化内镜中心、核磁共振室、心血管介入中心；同时，创建了泌尿外科、中医康复科；实现妇科、产科分科；还搭建了黔东南州第一个远程会诊中心、eICU远程平台、数字病理远程共享平台。台江分院发展逐渐上正轨后，自投资金2000余万元，购买64排128层CT机，创建CT室。医院新建学科及平台18个，打造"5+2"重点专科，充分助力医院学科建设。许多以前诊断不了的疾病现在能够确诊，患者不再需要为了一个检查而转上级医院，大大节约了患者的就医成本。

浙大二院还相继派出44批次70名涵盖管理、泌外、内镜、麻醉等近20个学科的专家深入台江分院帮扶。平均每月8～12名专家常驻台江分院，其中医疗专家均为博士。一个县级医院，每月同时拥有这么多博士在临床第一线坐诊，这在黔东南也是前所未有的。

扶贫扶志，立人为先。如何充分发挥专家们的帮扶效果，打造一支带不走的医疗队？汪四花和团队们探索出了"五结合"的模式，即"组团式"与多学科相结合、长期帮扶与短期帮扶相结合、业务指导与行政管理相结合、导师制带教与双向考核相结合、专家派驻与发展需求相结合。其中，"组团式帮扶"和"导师制带教"模式成为亮点。同时，他们还探索了"七个组合拳"的人才培训模式，比如帮扶专家传帮带"移植造血细胞"，远程平台学习"活跃造血细胞"，创建"急救小组""繁殖造血细胞"，急救演练"强化造血细胞"，培养自主学习能力"活化造血细胞"，选派进修学习"激活造血细胞"，举办学习培训"营养造血细胞”等。“急救小组”和“急救演练”模式已在黔东南推行。这有力促进了帮扶从“输血”向“造血”的转化，为台江县人民医院留下一支带不走的医护团队。5 年来，急救患者 120 人，成功 89 人，抢救成功率达 74％。

如今，台江分院已经开展新项目、新技术 103 项，其中分院本土医师独立胜任 81 项，成为根植于台江、带不走的技术。

质量立院，有口皆碑。医院按“制定质量管理架构、落实目标管理、持续质量改进”等方法提升医疗质量，医疗纠纷和投诉大幅减少。医院综合服务能力大幅提升，病人大幅回流，帮扶后与帮扶前同期均值相比，门诊人次、住院人次、手术台次分别增长 322％、65％、273％，外县来院门诊、住院人次分别增长 660％、444％，转诊率下降至 5％。医院院风院貌得到蜕变，一支业务上有希望的医护队伍正在成长起来，切实解决台江老百姓看病难、看病远的困难。当地苗族百姓得到了实实在在的医疗服务，不再舍近求远去看病，减轻了就医负担。

文化兴院，理念先行。汪四花坚持建设文化凝人心、调整政策稳人心、节日慰问暖人心、行政查房贴人心、开展活动聚人心、价值理念润人心。她在推进医院文化建设和优化服务方面积极探索和创新，进一步规范医务人员的服务行为，强化微笑和主动服务意识。同时为患者推出许多人性化服务的新举措，如不仅聘请苗语导医，为听不懂普通话的苗族同胞到院就医问诊提供沟通的便利，还指引、搀扶、协助老年或行动不便的患者就医，为广大群众提供了极大的方便。新 CT 室里，为了让苗族患者听懂医师的指令，更好地配合检查，CT 操作提示语音系统导入苗语，提升了患者的就医体验。她不仅心里装着患者，全院干部职工也都被她挂在心上。在 2017 年 5 月医院实现转亏为盈后，她首先解决了临聘人员的养老保险难题，解除了临聘人员的后顾之忧。员工的福利待遇也得到增长，凝聚力获得空前的强化，大家的精、气、神焕然一新，消极怠工现象不复存在，95%以上员工对医院发展充满信心。

最深的牵挂，最大的担当

汪四花常说：哪里有需要就到哪里去。她带领帮扶专家团，工作日在医院落实相关工作，周末则走村串寨进行义诊帮扶。这些年，她已经把台江县的村寨都走了一遍，义诊、宣传党的好政策、普及健康知识，共计开展医疗下乡义诊活动30余次，义诊病人3240余人次。

台拱镇南省村6组郜光芬，是鼻癌晚期患者，因长期治疗花光了家里所有积蓄，把能借的亲戚朋友也都借了个遍，但病情还是在不断恶化。汪四花在义诊时听说了她的情况后，便与帮扶专家冒着大雨前往她家探望，并留下联系方式，嘱咐家属第二天带她到台江分院免费检查。当得知该病人癌肿已多处转移，确难治愈后，汪四花给她带去消炎和止痛药，力求减轻她的痛苦，并且安慰鼓励她。虽然，病痛折磨着郜光芬，但汪四花等专家的关心，让她感动不已、连连致谢："谢谢院长来看我，给我鼓励，我会坚强地与癌症作斗争。"

2019年5月12日，是母亲节，也是一个普通的星期天，汪四花得知剑河县某村一位女孩患病后无法说话，需要救治，她放弃了难得的周末休息，带领帮扶团队绕过4个县，攀上悬崖峭壁，穿过深山老林，在弯弯曲曲的山路奔波近5小时来到女孩家中，为孩子做了详细的检查，并拟定了治疗方案，在"母亲节"里给孩子送去了一份来自远方的爱。

哪里有需要，她和团队就到哪里去。丹寨、剑河、雷山、天柱、遵义、正安、湄潭、丹寨、玉屏、黄平，他们的脚步遍布黔东南及贵州省的许多地区，仁心仁术的好口碑在贵州大山间传扬。

金杯银杯不如老百姓的口碑。远近乡里的患者纷至沓来，台江分院成为百姓健康的保障。2019 年 10 月 28 日，《新闻联播》报道了汪四花的事迹。在汪四花的带领下，台江县人民医院发生了天翻地覆的变化，医院的学科建设、技术力量和就医环境均实现跨越式发展，完成由县医院向区域性医院的蜕变。浙江大学、浙大二院帮扶台江的事迹也得到了国家、省、州、县各级领导及当地百姓、同仁们的认可与肯定。

2020 年 11 月 7 日，汪四花终于完成了组织交给她的任务，告别了并肩作战了近 5 年的台江同事，回到阔别已久的杭州。

家中，年逾九旬的父母亲翘首以盼。5 年中，经历结婚、毕业回国、工作、生子的女儿，也含泪等待着母亲的归来。既是母亲，又是女儿的她，不仅要用陪伴来弥补对亲人的内疚和遗憾，而且也将以家人的爱为动力，在归来后的医疗岗位上继续发光发热，为老百姓的健康事业继续奋斗。

（文：来鑫萍）

刘斌：为五千年中华文明正名

2019年7月6日，随着联合国教科文组织大会主席敲下木槌，良渚古城遗址正式列入《世界遗产名录》。良渚先民的生活状态和他们超前的智慧让世人感叹，而中华民族五千年的璀璨文明也得以证实，让世人惊艳。

在良渚遗址的发现、保护及申遗工作中，有一位考古人做出了积极贡献。他就是浙江省文物考古研究所原所长、浙江大学文科领军人才刘斌教授。

自1985年参加工作以来，刘斌三十余年如一日奔走在考古一线。而在良渚申遗成功之后，刘斌隐身而去，来到浙江大学艺术与考古学院，为考古学科的未来发展注入来自一线的鲜活力量。

将古老的良渚世界展现在我们面前

1999年，刘斌担任浙江省文物考古研究所考古一室主任和良渚工作站站长。此时距离施昕更第一次发现良渚遗址已经过去了60多年。在此前的考古中，大量贵族墓地、精美玉器陆续被挖掘出来，甚至连宫殿都出土了。刘斌与所里的前辈们一同参与、见证了良渚遗址一步步展现在世人面前的过程。

但似乎还缺了点什么，应该还有点什么。在考古界，有这样一句话：“想象力很重要，你只有想到什么，才能挖到什么。”刘斌带领着团队一边想一边寻找答案。

2006年，刘斌在莫角山宫殿区西面约200米的葡萄畈遗址发掘时，发现了一条良渚时期的古河道，河里出土了许多陶器、漆木器等生活用器的碎片，有许多器物非常精美，反映了使用者的身份尊贵。考虑到这里和莫角山遗址的位置关系，刘斌认为这是一处十分重要的遗址，于是他执意要解剖一下河岸看看。当挖到距离地表约3米深时，他们发现了一层石块。对于玉器都已经司空见惯的刘斌起初并没有把这件事放在心上。可是收工之后，他细细琢磨，越想越兴奋。也许这不是普通的石块，也许这是保护莫角山的古代苕溪大堤，也许这是围绕着莫角山的古城墙！各种猜想让他激动得几天都睡不着觉。根据他的推测，考古队员们拿着洛阳铲开始了钻探，到2007年11月，东西1700米、南北1900米的古城墙遗址全部揭开面纱，到了2010年，他们又发现了古城外郭。

“在以前的考古发掘中，1平方公里面积就算很大了，没想到良渚古城的内城就有3平方公里，相当于4个故宫的大小，外城更有6.3平方公里之大。真是出乎我们的意料！”刘斌说。

在此之前，被发掘出来的良渚世界还只是一个个支离破碎的墓葬群，即使复原到远古时期来看，也只是村庄级别的规模。在发现古城墙这个不可移动的文物之后，良渚遗址作为一个国家级文明遗址的脉络渐渐清晰起来，这项重大发现为中华文明起源的研究提供了十分重要的资料，也对良渚遗址的保护和申遗起到了决定性作用。

刘斌和考古人继续埋头挖掘。水利系统在早期人类社会中是非常重要的文明标志，距今4000年前的大禹治水的故事深入人心，但目前因为没有找到实证还停留在“传说”的阶段；此前发现的最早的治水系统建于战国时期，距今2000多年。

2009年的秋天，距离良渚古城西边约8公里的彭公，农民在挖土时，发现这个叫岗公岭的黄土山下，竟然是青灰色的泥土，这引起了盗墓贼的关注，当地村民得到消息后，立刻报告给了余杭区文化局，文化局的工作人员请刘斌一起去看现场。刘斌判断这不是古墓，而是一座水坝。从边上散落的汉代墓砖判断，他认为这座水坝是汉代以前的，这时他脑子里闪过一个念头：这会不会是良渚人的水坝呢？于是他执着地关注并积极呼吁保护。2010年春节刚过，刘斌就去看现场，由于下雨，在取土的断崖上冲出了一个个草包，这下找到证明年代的东西了。他马上打电话给北京大学，请他们来现场取样。一个月后，年代测出来了——5100年。这个数据太让人激动了，真是良渚人的水坝！

此后几年，刘斌和考古队锲而不舍地探寻，到2013年他们一共发现了11条水坝。它们围起来的面积相当于13平方公里的大水库。这也是中国迄今发现的最早的大型水利工程，比大禹治水还要早1000年。“这样大的工程一个村庄显然做不了，肯定要由国家层面来组织进行，这足以看出当时良渚社会的城市规划、社会治理等。良渚文明呼之欲出。”

之后，刘斌积极投入良渚申遗的工作，白天继续组织野外考古，晚上撰写研究材料，将鲜活的良渚世界展现在我们面前，并最终获得了世人的认可，申遗成功。美国辛辛那提大学教授弗农·斯卡伯勒表示：“良渚的考古研究工作不只改写了中国历史，也改写了世界历史。”

勾勒出一张“浙江大历史”的宏伟版图

刘斌出生于“遍地都是文物”的西安市，受中学老师影响而喜欢上了考古，1985 年从考古专业全国排名前列的吉林大学毕业后到浙江工作。

他坦言，当时的浙江考古不像陕西、河南那么发达，自己抱着“帮浙江找找旧石器时期的历史”的想法，从材料出发，到勘探挖掘，再到整理研究，一步步走过来。

“我运气比较好，刚来就碰上了余杭反山大型墓葬群的挖掘工作。”机缘是一方面，努力是另一方面。别看刘斌是个大高个，手上的活却如同女子般细腻，因此所里的前辈们都放心把很多重要墓葬的挖掘交给了他。反山 12 号、22 号、18 号、15 号墓，瑶山 7 号和 11 号等核心墓地都是刘斌主持挖掘的。

“挖的时候动作要特别轻柔，很多文物小得像米粒一样，很容易跟土黏在一起，一些很薄的玉片稍微一使劲就坏了，所以我们的工作是慢工出细活，急不来。”

作为良渚遗址第三代考古领军人物，刘斌带领团队通过考古实证了良渚文化活跃在距今 5300 年到 4300 年之间，中国人终于可以底气十足地说“华夏五千年文明史”了。而良渚古城 2007 年至 2010 年的考古工作分别获得了国家文物局评审的田野考古二等奖和一等奖，这是浙江省获得的有关田野考古发掘水平的最高等级的奖项。

而作为浙江考古的掌门人，刘斌目之所及也不仅仅是良渚。

1988 年海宁荷叶地、1989 年良渚镇庙前遗址、1991 年余杭瓶窑遗址等都是在刘斌主持下完成挖掘的。特别是 1996 年他主持挖掘的嘉兴南河浜遗址，第一次发现了崧泽文化的祭坛和贵族墓葬。南河浜考古挖掘报告，建立了崧泽文化距今 6100—5300 年的考古学年代标尺，开辟了崧泽文化研究的新纪元。

刘斌说，做这一行的，挖掘和研究都很重要，要在挖掘的过程中产生问题，然后找到学术增长点。“亲自挖过，感觉肯定不一样。”除了两次入选全国十大考古新发现外，他还先后发表学术论文 70 余篇，出版专著 7 部，在中国史前考古和玉器研究领域做出了卓越贡献。

在他的努力下，浙江考古所与地方共建了各约 6000 平方米的“良渚遗址考古与保护中心”和“安吉古城考古与保护中心”，并在余杭良渚落实了 200 亩地，用于建设“浙江省考古与文物保护基地”。浙江考古“浙江大历史”的版图正在徐徐展开。

用一线鲜活的经验培养更多考古人

“现在全国考古界总共也就千把人，人才相对比较匮乏。很多人觉得野外考古风餐露宿很辛苦，其实每个行业都有自己的辛苦，也有自己的乐趣。浙大的综合实力有目共睹，学生综合素质很强，如果能有多一点的学生学考古，一定能发现好苗子。”

在一线工作久了，刘斌特别能感受到人才培养对于考古学科发展的重要性。他加盟浙大后的头等大事就是积极筹办考古学本科。“既然来了，就要为学校发展多考虑多操心，希望能帮助学校把考古学科的建设推上一个新轨道，努力办好教学，为这个行业多输出人才。”

“办好考古学，不能是空中楼阁。”刘斌认为，培养考古学人才，考古的实战经验很重要，“给你一个遗址，你要知道如何科学地挖掘和保护，对挖出来的东西要会研究分析，这都是考古学专业必须掌握的基本功。”

为此，刘斌和同事们积极为学校申请考古资质，设计教学体系，并通过与考古界的对接合作引入多方资源，助推考古学人才培养。

考古学不仅与历史研究、文化建设关系密切，而且近年来与高科技的结合也越来越紧密，遥感考古、DNA 考古都有了广泛应用，再加上红外、荧光等检测设备的助力，考古这门看似传统的学科正发生着日新月异的变化。

“可以说考古是最接近理科的文科，而浙大的一大优势就是学科门类齐全，这给考古学的建设打下了良好的基础。相信经过努力，我们能够打造出全国一流的考古学科。”

（文：吴雅兰）

张秉坚：破解文物保护技术瓶颈

暑期，杭州的南宋德寿宫遗址博物馆游客如织。馆内播放着《一眼千年，德寿重华》全息影片，游客们看得十分投入，"今夕是何年"的感慨在心中油然生发。

在游客尽情欣赏的背后，是文物保护修复的长期坚守。南宋德寿宫遗址博物馆，建立在原有的遗址上，如何让土遗址表面不生长绿色植物，是一个十分重要的保护难题。

浙江大学艺术与考古学院文物保护材料实验室教授张秉坚长期以来与遗址保护中的"土"打交道，提出隔绝自然光线的"黑屋"策略，进而抑制土壤中植物的生长。

潮湿环境土遗址保护

"黑屋"策略，来自 2014 年至 2017 年间，浙大文保团队与杭州萧山跨湖桥遗址博物馆的合作。科研人员在对无自然光线照射的展厅开展长期监测后发现，避光的"黑屋"可以抑制生物生长。

再早之前对"黑屋"的探索，可以追溯到 2016 年至 2017 年。当时，宁波发现一段城墙基址，总长 79.5 米，主要由唐末时期的土基槽和铺垫层、唐宋至元代夯土墙、宋代包砖墙和护坡、元代至明清包石墙等构成。这段城墙遗址体现了宁波1000多年城墙建造的发展脉络,具有唯一性、稀缺性和不可再生性。但是,阳光、台风、生物、地下水和地下盐分等,都会破坏遗址,在自然环境下只要一两个月,土遗址就会被明显损坏。

2019年3月,在对这段城墙遗址的保护过程中,浙大文物保护材料实验室再一次使用了"黑屋"策略,并成功抑制绿色生物的生长,使得遗址不被进一步破坏。也是在这项保护中,张秉坚提出了"气相补水"的保护策略,可以有效防止土壤板结等。

"我们不断摸索土遗址在不同含盐率、不同湿度和温度差时,单位面积土体会吸收多少水分,并建立了数学公式。这样,只要在玻璃罩里加装空气加湿器,并使湿气温度高于土体,土遗址就可自动吸水。"张秉坚说,这种补水方式,可以保持空气湿度和遗址土体含水率的稳定,解决土体收缩开裂、泛盐等问题,能够更好地保护有关遗址。

半干半湿的木质文物保护

田螺山遗址在沿海低丘湿地约3米深的饱水环境下,保存了壮观、罕见的干栏式建筑遗迹,有1000多件木构件。

目前,木构件上部大多露出地表,中间部分浸泡于水中,余下深埋于土壤层中。长期的原址原位展示,使得生物侵蚀,裸露在空气中的部位糟朽严重。

潮湿环境土遗址保护难,而半干半湿的木质文物保护更难!

浙大文物保护材料实验室的研究人员在勘察后提出设想,木头埋在水下,1000年也不会腐烂,能否让木头沉浸在水中展示,游客通过玻璃廊道,到水下观看田螺山遗址?

在实现这个设想的过程中，浙大科研人员还在思考新的问题。

如何控制水的洁净度，才能让木质文物不被微生物腐蚀？浸泡水是否需要添加某些物质，以调节木头内外渗透压？观众参观时，隔着玻璃看水下木质遗存不应有变形，如何解决这一光学问题？

这些难题如何一一解开，需要文物保护工作者大量细致入微的研究。

“田螺山遗址的勘测，需要做生物的采样和鉴定、木质文物的各种性质分析、土遗址病害的定量调查、周围环境及遗址的无损检测等。文物保护本身就是一门交叉学科，需要不同学科背景的研究者分工合作。”张秉坚认为，这也需要文物保护工作者前赴后继的努力。

“目前在文保领域，文物保护力量正在不断增加，喜欢文物保护的年轻人越来越多，未来可期。”张秉坚说。

（文：顾春）

董亚波：一心一意守护敦煌壁画

北出长城古塞边，荒松落日少人烟。历经千年，敦煌莫高窟依然矗立在河西走廊西端。

这座文明汇聚的艺术宝库，融洞窟建筑、彩塑、绘画于一体，富丽多彩，精妙绝伦。然而，不像博物馆中的藏品被悉心呵护在恒温恒湿的系统中，这些石窟里的壁画在岁月的风沙中越过千年，才与今人相见。

一代代后来人，守卫着莫高窟，保护着莫高窟。2006 年，浙江大学计算机科学与技术学院人工智能研究所副所长董亚波副教授，也加入

了他们的队伍，为莫高窟装上环境监测系统。由此，一件件艺术品的“冷暖体征”得以记录，文物保护专家才能更好地“对症下药”。

一呼一吸牵动着莫高窟的美

洞窟里，豪放自如、粗犷有力的敦煌壁画，虽然能让游客们得以近距离洞察古人智慧，感叹一眼千年的神奇，但也面临巨大的风险。游客呼出来的水汽和高湿天气时因参观而带入窟内的湿空气都会给壁画带来风险。当空气湿度超过 62%时，壁画深处的地仗层就会析出盐分，进而在壁画表面结晶，引起壁画酥碱和破裂。

日益增多的游客进入洞窟对壁画的安全构成了威胁。敦煌研究院的一项研究发现，每 40 名游客参观半小时，洞内的二氧化碳值就会升高 7.5 倍，空气相对湿度上升 10%，温度升高 4℃。游客参观所带来的一连串连锁效应，会使许多壁画出现变色剥落现象。人为的不经意的损坏加速了经年累月的侵蚀，再加上风沙等自然界的影响，壁画文物正在一天天地“衰老”，保护石窟已经刻不容缓。

此前，温度、湿度、二氧化碳浓度的监测，只能隔段时间靠手动提取一次。这种监测方式时效性很差，摆在董亚波面前的，就是研制安装一套实时反馈的环境监测系统。

2006 年，董亚波第一次走进莫高窟，顿时被眼前的场景所震惊：一面是如此恢宏壮丽、凝聚着古人精湛技艺的壁画，而另一面是洞窟里如此狭小的作业空间，让监测工作很难开展。而是满格的手机信号在进入石窟后便顿时全无——洞窟的特殊形制使得无线信号完全被遮挡，而由于文物保护的需要，窟内没有电源，不能搭设网线。

一切都困难重重。

怎么办？董亚波想到了当时刚刚兴起的物联网技术——可以依

托无线传感网络来传递信号。虽然在工业界无线传感技术已经起步，但是设备体积庞大、使用不便，如果应用在文物保护上，对洞窟的环境和壁画文物将会产生不良影响。要将现成技术直接移植到文物保护领域，谈何容易！一切都要从头开始，摸着石头过河。

让数据成为文物保护的"看门狗"

从文物保护的角度讲，传感器的安放，既不能破坏壁画，又不能影响游客参观。董亚波团队通过低功耗的多跳自组织结构，让数据在接力中传递出来。董亚波团队研制的这款传感器只比固体胶略胖一些。而且只需要 2 节五号电池，就能工作整整一年时间。

怎么做到的呢？团队设想尽可能让传感器在不工作的时候处于休眠状态，以减少能耗。因此，每一分钟的数据传输，传感器在工作的短短几十毫秒中，要完成寻找信号、接收上游传感器数据、寻找下游传感器、发送数据以及接收应答等动作，进而节约能耗。除此之外，董亚波带领团队，尽可能把传感器做小，以避免对洞窟景观的影响。在软件层面，他们写了几十万条代码，确保整个传感器的高效运行。

随着一个个传感器的安装，数据源源不断地被输出。最开始的几年，它们的工作状态常常很不稳定。可能今天调试完成，性能良好，等到了第二天就没有数据了。"环境太复杂，信号非常不稳定，不知道什么时候它就突然不工作了。"董亚波说，"那时候非常沮丧，甚至感到崩溃。"

而解决问题的关键，就掌握在他们的手里。在最开始的几年里，暑假一到，团队就飞到敦煌，一待就是一个月。"那时没有课，我们就整天泡在莫高窟，以便有问题随时可以赶过去。"出差时少有的"偷闲"，就是跑到沙地上，仰望银河，数星星，看流星。

"看到那么美的景致，保护那么美的壁画，好像一切都是自然而然的。"董亚波说。天一亮，他们就忙于查找问题的源头和进行技术迭代，让物联技术更加稳定。经过精心细致的技术研发和测试，他们攻克了低功耗多跳自组织网络技术中的各个技术难点，并通过 10 多个软件版本的代码升级，逐步提高传感器的稳定性。同时，他们根据每一个洞窟的特性，设计不同的信号中继位置，以确保在不同洞窟里都可以有安全稳定的信号传输通道。最终在 100 多个洞窟内安装的 500 多个传感器都可以稳定运行，每个洞窟内的环境数据都可以在监测系统上实时呈现出来。

敦煌莫高窟南区有 492 个洞窟，董亚波从最初的完全陌生，到渐渐熟悉，最终到对其中几十个重点石窟如数家珍，一步一个脚印，见证了团队在该领域的深耕。2011 年，系统逐渐稳定后，已经有 100 多个洞窟安装了他们研制的第二代环境监测传感器。同时，在莫高窟窟区内还设置了自动气象站、空气污染监测站、崖体稳定性传感器、崖体含水量传感器、游客流量监测传感器等十余种不同类型的监测传感器，这些传感器发挥着文物保护"看门狗"的作用。

走进敦煌研究院监测中心，一块硕大的电子屏非常引人注目。一个个小绿点代表着温湿度、二氧化碳浓度正常，而一旦警示灯"爆红"，一连串的游客调度系统就将开启。如果是因为游客多，窟内温湿度大于室外，莫高窟就会采取限流和通风措施，暂时关闭参观；如果是因为大气湿度过高，影响了窟内湿度，则会关闭洞窟门，以稳定窟内环境。

敦煌研究院前院长樊锦诗曾点赞团队："做了一件对莫高窟非常有用的工作。"

云技术，让壁画再"活"一千年

从 2006 年第一次走进莫高窟开始，每年董亚波都要多次往返杭州和敦煌，监测文物数据。这一坚持，便是 15 年。

如今随着研究的深入，董亚波团队不仅开展窟内环境监测，还通过传感器，对文物本体开展倾斜、开裂等因素的监测。而董亚波也在敦煌“种下”了一支本土团队——敦煌研究院较早成立了全国文物界专业化的文物保护监测中心。

回想起 2006 年，初到敦煌时的情景，他觉得自己有股初生牛犊不怕虎的闯劲，仅凭借一台电脑作为服务器，就搭建了贯通十几个洞窟的简单网络。而随着数据量越来越大，服务器的容量也不断扩增。

一般工业或者民用领域中采集的实时数据可以定期清除或者压缩，而文物的这些历史数据却大有用武之地。“在文物保护中，这些历史数据可以用来建立文物保存环境和文物本体状态的常态模型，为未来的文物风险预警提供重要的依据，因此价值巨大，可删不得。”董亚波说。

但几十亿、上百亿条数据堆起来，量越来越大，问题也就出来了：所需的存储空间越来越大，与此同时，数据查询也变得异常缓慢。“不敢轻易访问前一年的数据，怕服务器跑不动会崩溃。”董亚波说

还有一个情况也让董亚波犯愁。有时候莫高窟会停电，传输网络就此中断，这时传感器会自动储存数据，待恢复供电后，这些暂时保存在传感器上的数据就会像洪水一般涌向服务器。这让董亚波每天都对数据的安全提心吊胆，生怕数据丢失。

此时，云技术正日新月异，数据写入与访问性能得到极大改善。通过浙江大学与阿里巴巴合作设立的智云实验室，董亚波团队在与阿里巴巴的云技术专家的合作中攻克了海量数据存储管理的技术难题，也将智云实验室的浙大云平台应用在了更多的文物保护项目中。

现如今，董亚波团队正在不断扩大他们的研究领域，希望为其他

的文博机构培养出更多更聪明的电子“看门狗”。董亚波说，文物本体的预防性保护很难，但他想通过技术让更多的文物再“活”一千年。

（文：柯溢能 吴雅兰）

张国平：君看大麦熟，颗颗是黄金

大麦，全球第四大禾谷类作物——

由于其高含量的粗蛋白和可消化纤维，可成为家畜的优质饲料；也由于其在制作麦芽后，酶活性强，酶系统全面，富含淀粉、糖类、酵素、氨基酸等，一直是全世界啤酒酿造的最主要原料。

在我国，大麦已有5000多年的种植历史。在环境极端的青藏高原，被称为青稞的裸大麦更是藏族人民世代依赖的主要食粮。

然而，即便中华民族与这种古老的作物有着邈远而深邃的渊源，又如何让全世界看见并认可青藏高原野生大麦所蕴藏的特异基因呢？即便我国的啤酒生产与消费量一直位居世界第一，又如何改变我国优质啤用大麦长期依赖进口的局面呢？当越来越多的人关注到大麦的营养与保健功能，又如何在全球极端气候加剧的情况下保障大麦产量与品质，从而应对粮食危机呢？

在浙江大学麦类作物创新中心，张国平教授团队守望麦田二十余年，围绕农作物品质与产量以及耐（抗）逆性等农业生产难题，在大麦基因组与重要功能基因解析，优异麦类种质资源发掘与利用，作物重金属、盐害、干旱等逆境耐性调控机理等研究方向上取得了重要突破，建立了栽培和野生麦类种质资源库，培育了浙大 9 号和 10 号等优质高产大麦新品种，并正在研发新型基因编辑与遗传转化技术，培育一系列优质抗逆麦类作物新品种，推动前沿作物科学研究。

金灿灿的麦田 沉甸甸的岁月

在西藏南部温润的雅江流域，成片的青稞在高原的阳光下格外灿烂耀眼。这种高大、健壮、耐寒、耐旱和耐瘠的谷类作物，不仅能适应各种自然环境，而且具有高蛋白、高纤维、高维生素和低脂肪、低糖的特点，既能替代高热能的动物性食品，又能补充藏区百姓无法依靠蔬菜和水果获得的维生素、矿物质以及膳食纤维。

研究证明，青稞籽粒中所含的 β-葡聚糖是青稞最具开发利用价值的保健营养成分，已经明确 β-葡聚糖具有降血脂、降胆固醇和预防心血管疾病等作用。勤劳的藏族人民将青稞视作上天对雪域高原的最美馈赠，或将其炒后磨成面拌着酥油茶吃，或与豌豆掺和制成糌粑，又或制成香醇的青稞酒。多种制作方法无一不彰显着世代相传的生命智慧。

但是长期以来，国际大麦遗传学界认为中东“肥沃月湾”地区是大麦的起源和进化中心，而青稞独特的生态功能、遗传的丰富多样性，以及在现代栽培品种育种改良中的价值均未能得到国际学界的充分关注。直到20世纪30年代，瑞典人Aberg从我国四川道孚发现了这一种物并将少量材料带至欧洲，才引起了大麦遗传学界的广泛关注，引发了有关栽培大麦起源的争论。

为此，张国平团队与全球大麦科学家合作完成了大麦基因组计划，并对我国科学家在20世纪60年代在青藏高原考察征集到的近200份青藏高原野生大麦进行种质资源精准解析：通过在全基因组范围内比较大麦DNA指纹谱图，发现藏族先民在青藏高原地区独立驯化了大麦，从分子水平上证明了青藏高原野生大麦的独立起源，而且是现代栽培大麦的主要祖先之一；他们还利用RNA-Seq技术分析了青藏高原野生大麦、中东野生大麦与现代栽培大麦基因组的差异，表明现代栽培大麦的基因组至少有一半来自青藏高原野生大麦材料。

团队研究表明，青藏高原野生大麦具有丰富的遗传多样性，特别是蕴藏着非生物胁迫耐性的优异种质及基因，从中筛选与鉴定到多份具有高抗盐、耐酸铝、耐低温、耐干旱的特异材料。团队利用鉴定的优异野生大麦材料与综合农艺性状优良的栽培品种杂交，通过小孢子培养技术和回交方式，构建了多个DH群体和异源染色体片段渗入系，应用于育种和遗传研究。阶段性成果“大麦遗传多样性与特异种质研究”获得了2017年教育部高等学校自然科学奖一等奖。

如今，古老的作物品种早已逾越单纯的食物范畴，以更加丰富安全的姿态满足人们对于健康食物的需求，并通过技术焕发出新的青春。在全球食物面临危机的当下，我国大麦如何在国内乃至全球农业版图上保有一片净土？在竞争激励的食物经济中，又如何走出高原，用绿色转变生活，建立与世界更广泛的联系？团队继续在基因图谱中探寻着小作物的大奥秘。

守望麦田，让小作物有大作为

近10年来，作为“麦田守望者”的张国平团队一直围绕着啤用大麦品质与非生物胁迫这两个主要研究方向开展工作。张国平认为，中国啤用大麦主要依赖进口的主要原因之一是国内啤用大麦品质不佳。为此，团队开展了啤用大麦主要品质的基因型与环境效应的一系列研究。

首先建立了基于美国AACC法的近红外分析仪蛋白质、β-葡聚糖测定方法，为大麦种质评估与筛选提供了一种简易、快速、廉价的分析技术；阐明了我国主要啤用大麦栽培品种的麦芽品质特点及其环境效应，鉴定与筛选到一批籽粒化学组分和麦芽品质性状特异的遗传资源，为啤用大麦生产基地建设和种质资源合理利用提供了重要的理论依据；明确麦芽β-葡聚糖酶活性低是造成国产啤用大麦加工性能差的重要因素，β-淀粉酶活性普遍较低是糖化力弱和麦芽浸出率低的根本原因；鉴定到可以解决蛋白质含量和β-淀粉酶活性对麦芽品质有不良互作效应的醇溶蛋白组分，为啤用大麦品质检测与改良提供了可靠的评估指标与技术途径；阐明了主要气象和栽培因子对麦芽品质性状的影响，为啤用大麦优质栽培提供了理论与技术指导；啤酒混浊严重影响啤酒的品质和货架时间，减少啤用大麦籽粒的混浊蛋白含量，是解决啤酒混浊问题的有效途径，因此开发了可用于鉴别混浊蛋白类型的特异分子标记。以上研究结果，获得了浙江省科技进步（自然科学）奖一等奖，为提升我国啤用大麦品质育种、生产水平及其在国际上的学术地位做出了重要贡献。

全球变暖正在严重影响包括大麦在内的农作物生产。干旱不仅会降低大麦粒重与产量，严重的甚至会导致大麦幼苗凋萎枯死而绝收。围绕“大麦耐旱种质及基因鉴定与功能研究”，张国平团队正在不断突破这一瓶颈。

他们收集了来自以色列进化谷温暖潮湿的“欧洲坡”和高温干旱的“非洲坡”中的22份野生大麦材料，研究不同群体响应干旱的遗传机理差异。在长期适应环境的生长中，两个坡上的野生大麦耐旱性已经被天然区分为耐旱与不耐旱两个群体。

团队发现，“非洲坡”野生大麦在干旱胁迫下具有更高的净光合速率、气孔导度和蒸腾速率，在干旱条件下水分利用率显著高于“欧洲坡”野生大麦。在以上两类野生大麦群体中共鉴定到161个潜在基因可能参与了大麦干旱适应的调控，这些基因可为耐旱品种培育提供理论指导和基因资源。

团队还利用全球收集的100份大麦核心种质进行土培苗期耐旱试验，鉴定耐旱种质与相关基因，从大麦种质材料中筛选出抗旱的基因型。在长期的研究中，团队先后发现了作物非生物胁迫耐性的生理和分子机制，完成了高产、优质、耐逆基因发掘与新种质创制，阐明了气孔进化、逆行信号通路和钾离子等耐旱新机制，鉴定了多个参与逆境耐性的转录因子和调控基因的分子功能。这些成果已写进国家自然科学基金会所列的“中国基础前沿研究”系列图书中。团队近10年发表的有关大麦的学术论文数与引文数在全球名列第二。

“积雨喜新霁，山禽亦好音。白云开旷野，红日照高林。歉岁地惜宝，惠民天用心。君看人麦熟，颗颗是黄金。”古人感慨在旱情之下大地仍很珍惜种下的每颗种子，老天也用心为人民创造了丰收的年景。而我们知道，没有从天而降的瑞年，唯有一群像张国平这样关注作物的科研人在为丰收默默倾力守护，以期不负太阳的炽烈情怀，为国家农业生产创造更大的作为。

（文：周伊晨）

舒庆尧：用自己的手攥紧中国种子

2021 年 9 月 23 日，中国农民丰收节主场活动在嘉兴举行。水稻、小麦、玉米等 100 种省内外优质农作物种源汇集于此，其中浙江大学农业与生物技术学院舒庆尧教授团队育成的国际首个两系法粳籼亚种间杂交稻品种“江两优 7901”也在展出之列。

水稻是我国最重要的主粮之一，它的“数量”和“质量”，影响着老百姓的一餐一饭，也影响着我们国家的粮食安全。舒庆尧领衔的水稻育种团队胸怀“国之大者”，以引领水稻生产提质增效为目标，几十年

来孜孜不倦、持续攻关，在种质创制和辐射诱变育种共性技术研究中取得了一系列成果，践行着保“家”卫“国”的初心使命。

埋头苦干，水稻品种培育工程初显成效

早在20世纪90年代，舒庆尧就和夏英武教授一起培育了浙辐系列早稻品种和Ⅱ优3027等杂交稻品种。截至目前，浙辐系列品种和种质资源已成为我国700多个水稻品种的亲本之一，应用广泛，产生了巨大的社会和经济效益，舒庆尧领衔的“水稻突变种质辐射创制与应用”也获得2019年教育部科技进步奖。

2003年至2010年，舒庆尧在联合国粮农组织（FAO）/国际原子能机构（IAEA）工作，作为技术官员和Plant Breeder/Geneticist（植物育种工作者/遗传学工作者）负责了亚洲和非洲的水稻突变育种双边和地区技术合作项目。2010年5月回到浙大后，他重新组建团队，开始了新的水稻育种征程。在构建创新性的组织、平台和技术体系的同时，团队紧密结合水稻生产和居民消费需求，开展水稻新品种培育的“实战”，目前也已取得阶段性成果，“江两优7901”就是代表性成果之一。

团队采用花药培养、分子标记辅助选择等生物技术，同时以不育系、广亲和恢复系关键材料创制为突破口，成功育成了国际首个两系法粳籼亚种间杂交稻品种“江两优7901”，该品种已于2018年通过了国家审定。“江两优7901”充分利用了亚种间杂种优势，具有超高产（比对照增产16.7%）、米质优（国标2级粳米）等优点，在浙江、湖北、安徽、江苏等省示范中表现出高产稳产，稻米品质优、熟色好、熟期适中的特点，深受农户的喜爱，2019—2021年连续3年入选“浙江长江下游水稻新品种大会推荐品种”。

另外，水稻育种团队在订单式育种方面也取得重要进展。团队与荃银高科、普济圩现代农业集团等种业企业开展了深入合作，并取得了一系列成果。目前，与荃银高科合作培育的"浙大荃优1610"已经通过了国家审定。该品种可以在长江中下游9个省区作为单季籼稻种植，在2021年多点示范中表现突出。荃银高科已获得该品种的独家开发权，从2022年开始将该品种作为重点产业化品种。与安徽普济圩现代农业集团合作培育的"哈两优1674"和与无锡哈勃种业合作培育的"长两优1674"也于2021年通过了国家审定，在2022年开始产业化应用。

2022年，团队合作培育的"浙大嘉锡优610""浙大荃粳优167"等4个品种已申请国家审定，有8个水稻品种正在参加长江中下游单季粳稻、连作晚稻和黄淮稻区的国家区试，有12个品种正在参加浙江、湖北、安徽、江苏、山东5省的省级区试。"这些品种一旦完成区试、通过审定，有望在长江中下游和黄淮稻区的主要产区推广应用。"舒庆尧说，"我们还积极与哈尔滨市农科院等其他科研单位开展合作研究，届时水稻育种团队的品种有望进一步拓展到东北、长江上游和华南稻区等水稻主产区，进而为我国水稻产业发展做出更大贡献。"

开拓进取，创新品种培育与产业化方式

水稻育种团队一直在做的，就是与时间赛跑。

利用传统育种技术培育水稻并完成产业化开发，需要经历一个很长的周期。即使采用冬季海南加代，也需要5年以上的时间才能育成一个稳定的新品系，在这之后还需要再用3～5年的时间完成品比—区试—生试以及品种审定环节，接着还要经过2年左右的生产适应性研究才能进入最后的生产应用。为此，水稻团队充分发挥主观能动

性，通过技术集成和方法创新，开创了一条“材料集中创制、品种多地同时选育”的高效水稻品种培育新路径。

一方面，团队创新性地建立起一套先进的水稻育种体系。团队始终坚持“创新性研究”引领水稻育种技术进步的理念，在基础研究、技术创新和材料创制方面均取得了创新成果。团队发现了一种基于5-羟色胺合成调控的水稻抗虫机制，为水稻抗虫育种提供了全新的技术策略，相关成果发表于相关重要期刊，项目也被评为浙江大学2018年十大学术进展之一。同时，为推动基因编辑技术的育种应用，团队还先后建立了国际先进水平的CRISPR-S技术体系和CTREP网络平台，助推我国生物育种研究。

另一方面，团队实施水稻新品系工程化设计与创制，实现了水稻育种的范式转换。近年来，水稻功能基因组学研究迅猛发展，为水稻育种的范式转换奠定了理论基础。水稻育种团队充分利用这一机遇，以水稻基础研究的最新发现、最新知识为指引，对水稻品种创制的配组方式、实现途径进行理论设计，进一步开发实现理论设计所需的技术和平台。在将蓝图转化为品种的过程中，团队灵活应用基因编辑技术、分子标记辅助选择技术、基因组分析技术和花药培养技术等先进育种手段，大幅提高了育种效率，缩短了育种年限。“比如，利用花培技术可以将稳定新品系的创制时间从5年缩短到1年。”舒庆尧说。

此外，水稻育种团队还走出实验室，以“浙大品牌”和“技术引领”为抓手，构筑了浙大引领、地方农科院和种业产业共同参与的“浙大水稻科企联合体”，并得到地方政府的大力支持，为高效培育水稻品种和产业化提供了保障。无锡—浙大生物育种中心，成为国内外水稻单倍体育种规模最大的基地。他们培育出的加倍单倍体（DH）系性状稳定，携带所需的抗病基因，可以同时在不同稻区同步开展新品种选育。

迄今为止，水稻团队已经在黄淮稻粳稻区（覆盖山东、苏北、皖北和河南）、单季粳稻区（江苏、浙江、安徽、上海、湖北等），以及长江中下游籼稻区设立了品种筛选点，同步开展不同类型的水稻新品种选育。在集中创制与多地选育体系的支持下，团队有望培育出更多适应全国不同生态区的水稻新品种。

水稻育种团队是学校创新 2030 学科会聚计划之“农业设计育种”计划的主要团队之一，他们一方面正与无人机、无人车、机器人等智能信息和装备团队合作开展智慧育种技术创新，力争在水稻育种技术和体系创新中不断取得突破，同时继续培育适合不同地区生产的水稻新品种。作为首席专家，舒庆尧教授正带领海南浙大研究院水稻等粮油作物创新团队，充分利用崖州湾种子实验室的先进平台和三亚得天独厚的气候资源开展技术创新和品种选育。“事关国家粮食安全，浙大人也应该做出贡献。只争朝夕，迎难而上！我相信，浙大水稻育种未来可期！”

（文：马宇丹）

王琳琳：如同胡杨一般，扎根新疆、奉献新疆

建设了1个校级重点实验室，组织申报了2个新专业，拓展了3家教学医院，签约了4家附属医院，招聘了5名专任教师……

仅仅是2023年上半年，援疆干部、浙江大学医学院副教授、博士生导师王琳琳，就带动塔里木大学医学院开展了这一系列工作。如此高的工作效率，让很多人对她刮目相看。

王琳琳心里明白，塔里木大学虽然是南疆最先设立临床医学本科专业的院校，但该校医学院才成立5年多时间，自己还要为这个年轻的医学院付出很多。

一年不到的时间，却干了三年的事

“我感到了沉甸甸的责任，工作的第一件事就是摸清家底。”

来到塔大后，王琳琳担任医学院党委副书记、院长的职务，她第一时间开展调研，了解学校周边的医疗现状，跑了南北疆近20家医院和教学基地。她敏锐地发现了几个亟待解决的问题：附属医院的数量较少，师资尤其是高层次师资有些匮乏，重点实验平台不够完善，学科专业体系不够健全，科学研究项目比较少，对外交流也有待加强。

迎着问题来，向着问题进。“只有清楚地了解了基层医院需要什么样的医生，我们才能更好地培养人才。”王琳琳带着学院分管领导和专任教师奔走在广阔的新疆大地上。有时一天就要来回倒几个航班，深夜到达机场，凌晨又要出发，她就在机场的胶囊旅馆对付一宿。

不到一年的时间，王琳琳就做了别人三年也完不成的工作。“每天都有太多的工作，总觉得王院长走路都在跑。”在同事们眼中，王琳琳是一个“行动派”，更是一个“实干家”。作为曾经的浙江省教坛新秀，她心里想得最多的就是，塔大医学院刚刚起步，这个阶段一定要做好教学和科研规划，既要重视教学，稳住教学，又要做好科研，把基础打牢。

附属医院建设是医学院发展的根基。一名医学生从第四年开始就要到临床医院见习或实习，因此没有临床教学医院的教学体系，就无法培养出合格的医生。功夫不负有心人。2023 年 6 月，兵团第一师医院正式挂牌为塔里木大学第一附属医院，后续又有四家附属医院签约，这就保障了医学生的临床教学条件，也为院校协同发展，在教学和科研等方面积极开展合作创造了条件。

“浙大始终是我的坚强依靠，能够作为连接浙大与塔大的桥梁，我感到十分自豪。”王琳琳说，“作为一名浙大人，求是精神带给我脚踏实地、拼搏奋斗的力量。作为一名新塔大人，我坚持弘扬胡杨精神，在祖国新疆的广阔天地中奉献智慧和力量。”

塔里木大学党委在评价王琳琳的工作时说，王老师默默付出、殚精竭虑，全力以赴推动学校医学院的建设，取得了积极成效，得到了广大师生的高度评价和认可。

为南疆吸引人才，为南疆培养医生

为了吸引更多人才到塔大医学院，王琳琳四处奔走招聘师资。同时，积极拓展医学专家资源，聘请67名援疆专家为“客座教授”“外聘教师”“讲座学者”，为医学院发展贡献力量。

不光要积极请进来，还要积极走出去。王琳琳鼓励青年教师不断学习提升教学和科研能力，先后派出青年教师15人参加进修和培训。记者采访了目前正在吉林大学白求恩医学部进修的塔里木大学医学院教师卢宁，她说：“王院长常鼓励我们多出去学习，练就过硬本领，为未来的职业发展奠定扎实的基础。”

没有足够健全的学科专业体系，医学人才的培养将会受到很大限制。

此前塔大医学院只有临床医学和预防医学两个专业，王琳琳来了之后就着手完善学科体系。休息时间，总能看到她伏案工作。在大家的群策群力下，目前医学院已经完成了护理学和中医学专业的申报。

王琳琳始终牢记作为党员的初心使命，她深知通过自己一个人的努力是远远不够的，“我想着要培养一批人留在南疆，实实在在让老百姓在家门口看好病”。

为了吸引人才，留住培养的医学人才，为了让塔大医学院具备培养医学研究生的资格，王琳琳这些天继续为组织临床医学专业硕士学位点申报而奔走。

“从输血变造血”，在新疆工作的日日夜夜，王琳琳时刻关注医学生的成长发展。毕业季前夕，她带领学院老师，对已毕业到医院工作的学生进行了回访，切实了解毕业生的就业情况。

论文写在大地上，论文写在发展里

王琳琳如同胡杨一般，扎根新疆、奉献新疆，通过自己的奋斗实干，为新疆人民留下一片片绿荫。

王琳琳也常与医生和学生志愿者下乡义诊，边走边调研，她发现南疆高发病和多发病是独具特色的南疆医疗研究方向。“这既是一个大众需要解决的实际医疗困难，也是锻炼青年人科研水平的机会。”

于是，王琳琳带领教师团队，组建校级重点实验室，为教师的科研创造条件。为了提高师生的科研能力，王琳琳邀请一批专家到校讲学，同时，她也亲自上阵。在她的推动下，医学院科研项目数迅速增长，2023 年科研经费已经达到 402 万元。

带着大家干，做给大家看。王琳琳带头申报并获批塔大校长基金，联合浙江大学医学院的科研团队力量，一起把论文写在南疆大地。

在激发人才内在动力的同时，也需要加强交流、开拓资源。为此，王琳琳到国内高校调研交流，邀请浙大实验动物中心专家为塔大实验动物中心建设把脉问诊。同时还派出教师考察学习，深入了解浙江大学医学院教学实验平台和公共技术平台的建设情况。

奋斗在援疆一线，王琳琳以服务“国之大者”的政治站位，践行着浙大人的使命担当。

（文：柯溢能 宋承旭）

第三章

塑造新动能

叶志镇：天生我“材”必有用

从 1985 年读博期间开始对氧化锌薄膜掺杂与光电应用研究算起，叶志镇对宽禁带半导体材料的摸索已经近 40 年。

一个晴朗的午后，记者走进新当选中国科学院院士的浙江大学材料科学与工程学院叶志镇教授的办公室，“锲而不舍，金石可镂”几个醒目的大字，就摆在叶志镇办公桌的正对面，令人印象深刻。

叶志镇说：“一辈子能做好一件事就值了，我还会继续做下去。”

天生我“材”必有用

叶志镇先是在浙大电机系完成了本科学业，随后又在光仪系读了6年研究生，这样的综合学科交叉背景对他今后的科研工作起到了重要作用——正是在读博期间，叶志镇开始从事氧化锌的相关研究。

基于宽禁带半导体材料的电力电子器件，比传统的硅材料器件能耐受更高的电压，具有更优异的导热性能和耐辐射能力。“氧化锌是一种宽禁带半导体材料，它的优势就在于兼具各种性能，用途非常广泛。”叶志镇介绍，把氧化锌作为宽禁带半导体电发光材料来使用，是一种新的应用方向，有许多科学难题亟待解决。而氧化锌二极管电发光的首要前提是形成 p-n 结。

由于宽禁带材料掺杂非对称性，单一受主杂质固溶度低、稳定性差，再加上受主能级深，空穴浓度达不到应用要求。这些性质导致高空穴浓度稳定的氧化锌 p 型掺杂成为国际公认的科学难题。曾有相关科学家预言，p 型氧化锌是不可能完成的任务。

怎么办？天生我“材”必有用！叶志镇和团队经过30余年努力，原创性地提出了不同离子尺寸的杂质共掺和应变补偿与电子态杂化的两种元素共掺原理及其方法，将氧化锌空穴浓度的国际水平提高了2个数量级，同时稳定性比单掺时提高了5倍。在此基础上，率先实现了氧化锌 p-n 结的室温激子紫外发光，并将氧化锌多量子阱结构的内量子光效从28%提高至61%。叶志镇针对科学难题所取得的重要突破成果，使得氧化锌在新的领域有了用武之地。叶志镇二元共掺原理与技术研究创新成果，丰富与发展了半导体掺杂理论，不仅对氧化锌研究推进有重要意义，对其他宽禁带半导体掺杂也具有借鉴意义。这项成果获得了国家自然科学奖二等奖，并且得到国际同行的肯定。

“氧化锌在量子通信、透明电子等方面具有众多应用前景，是5G时代的重要材料。”叶志镇介绍，而且它所发出的紫外光用途很多，不但可以做白光高效发光，还能应用于各种消毒，“说不定以后也会有手持发光仪，只要拿着它照一照就可以杀菌。”

叶志镇说，这些技术的突破，受到了国家基金委重点项目的不断资助。也正是因为技术推进的需要和国家战略的需求，他们才不断开拓创新，并一直居于国际前沿。目前，全球已有24个国家117个单位跟进研究，通过共掺技术制备p型氧化锌的工作也成为国际光电氧化锌研究的一个主流方向。

科研成果不能深藏在山洞里

一般的常识是，透明的物体不导电，导电的物体不透明。1985年，叶志镇在研究氧化锌时，就提出掺铟制备透明导电薄膜的设想。一开始这个想法遭到了质疑，但最终这个项目于1988年获得了浙江省科技进步奖三等奖。

随着研究的深入，科研工作者发现氧化锌和氮化镓有着极为相似的特性，而且氧化锌还具有氮化镓所不具备的优势，例如物产丰富、原料价格低，环境友好、不易造成污染等。

于是，叶志镇萌发了用氧化锌来做LED芯片用透明电极材料的念头。科研过程当然不是一蹴而就的。为了解决氧化锌高导电率的难题，叶志镇团队发明了氧化锌n型的铝掺杂技术，透射率高达90%，性能达到国际领先，并增大出光角提高外量子效率，为千亿LED产业进步做出重要贡献。

叶志镇和团队的努力，让科研成果不再是深埋在山洞里的宝藏。这项技术2010年转让给国际第二大LED芯片企业，实现规模生产应用，并出口欧美国家，取得显著经济效益。

此外，氧化锌的微纳结构形态丰富，纳米结构可控生长，利用这些特性可以做很多种类的探测器件。叶志镇带领课题组在紫外探测、传感探测等方面也做了很多的创新研究工作。

叶志镇说，这么多年一步步走来，前后已经有 50 多位博士生、100 多位硕士生参与进来。在他不大的办公室里，摆放着各个时期学生们的毕业论文。叶志镇说，在人的成长过程中，要做好一件事，除了自己锚定目标，还需要团结一支队伍。

努力使人进步，虚心使人进步

1977 年，叶志镇作为恢复高考后的第一批大学生进入浙江大学，而在此之前他当过 7 年知青。“我首先要感谢这个伟大的时代，要不然我可能接触不到科研工作。我还要感谢母校。感谢浙大培养了我、成就了我，更感谢浙大在我最困难的时候，真心鼓励我、全力支持我。”说到这，叶志镇禁不住湿润了眼眶。

叶志镇在浙大求学 10 载、工作 32 年，其间也不是一帆风顺的。

在美国麻省理工学院作为高级访问学者进修两年后，叶志镇于 1992 年回到学校。时任浙大校长的路甬祥院士交给他的一个重任，就是协助阙端麟院士建设硅材料国家重点实验室。

此前的 1991 年底，正式成立才 4 年的硅材料国家重点实验室第一次面对国家评估时，被亮了“黄牌”。在阙端麟院士带领下，叶志镇和团队成员共同努力，使得实验室的发展渐渐走上正轨。由于叶志镇对硅材料国家重点实验室发展做出的突出贡献，1994 年他被评为重点实验室全国先进工作者，获得“金牛奖”。

但是 1996 年实验室第二次接受评估时，结果仍然不是很理想，排在全国30个同领域重点实验室的第27位，而后面的三个被红牌罚下。解名尽处是孙山，他人更在孙山外。看到实验室差点成了“孙山”，用叶志镇自己的话说，真是一头冷汗。

后来，已经成为实验室主任的叶志镇更加发奋图强，在学校和学院的支持下，申请到了6项课题支持。其中，1998年，他还和同事们一起努力争取到了浙江大学第一个国家自然科学基金重大项目，为实验室进一步发展打下基础。“在我担任主任的12年里，正是这样一轮轮的评估，推动着我不断努力，探索科学前沿。”

在这个过程中，几任校领导都给予了团队大力支持。叶志镇也遇到了很多贵人。“张泽院士虽然只比我大两岁，但我把他当作自己的老师。他的学术思想非常深邃，令人敬佩。”叶志镇说，努力使人进步，虚心使人进步，“虚心就是学习人家的长处，弥补自己的不足”。

时至今日，叶志镇一直记得他刚回国时路甬祥校长对他说的三句话：协助阙院士做好实验室；做科研要团队同事一起攻关；做科研如果能让全中国都知道、全世界都知道，那就有意义了。

叶志镇说：“这么多年我一直朝着这个方向努力，严格地说，我还没有完全做到，但是我会继续努力。”

（文：柯溢能 吴雅兰）

高翔：减污降碳，用行动践行新时代科学家精神

“我国提出，二氧化碳排放力争于 2030 年前达到峰值，努力争取 2060 年前实现碳中和。按照这个计划看，未来 40 年正是新时代能源环保人大显身手的时候。希望我们能不负使命，立足中国，走向世界，为能源环保事业做出努力和贡献！”

一个下午，作为团队带头人，浙江大学能源工程学院院长高翔教授正在和他的团队开课题讨论会。谈到未来的双碳计划和节能减排，高翔鼓励团队每个人瞄准目标坚持研究，研发适合中国国情的绿色低碳新技术，助力国家能源环保事业的高质量发展。

在30多年前，高翔正是抱着这样的初心，投身于能源环保领域，数十年如一日地探索着更有效更清洁的能源利用方式和更高效的污染治理技术。他带领团队研发的成果已在全国规模化应用，有效削减了燃煤污染物，提升了燃煤污染治理技术和装备水平，推动了国家燃煤电厂超低排放战略实施，为中国清洁高效煤电体系的建设提供了关键技术支撑，同时也为全球解决燃煤污染问题提供了中国方案。

“能源环保业有做不完的事，我们要始终跟着中国发展的列车奔跑，不断为国家解决问题。”科学成就离不开精神支撑，高翔用实际行动生动诠释了新时代的科学家精神。

发扬创新精神

他是保卫蓝天的“急先锋”

煤炭是我国重要的基础能源，但它为经济发展提供重要支撑的同时，也造成了严重的大气环境问题。我国煤炭资源地域分布广，煤质成分复杂，而且高灰煤、高硫煤等劣质煤用量大，因此煤的燃烧特性和污染物排放特性也非常复杂。与此同时，燃煤电厂负荷变化普遍较为频繁，对环保装置的运行可靠性也提出了更高的要求。煤质和负荷适应性强的燃煤烟气多污染物超低排放技术是亟待突破的重要课题。

“如果我们利用创新科技把煤炭燃烧排放的污染物浓度降低到国家规定的天然气发电排放限值水平，它就可以成为一种清洁能源。”高翔带领团队经过长期的理论研究和试验研究，闯过重重难关，研发了高效率、高可靠性、高适应性、低成本的多污染物高效协同脱除超低排放系统，最终实现了复杂煤质和复杂工况下燃煤机组多污染物的超低排放，让燃煤变得更加清洁。

通过与浙能集团等单位产学研用合作，这项成果在嘉华电厂大型燃煤机组上进行了工程示范。在嘉华电厂，我们惊喜地看到每小时发电量 100 万度电的燃煤发电机组，燃煤烟气在短短的几十秒内就“跑完”了高翔团队开发的超低排放系统，最终，监测到的污染物排放浓度远低于排放限值，在 200 多米高的烟囱上几乎看不到烟色，成功实现了煤炭在电厂的清洁利用。

通过与企业的产学研用合作，高翔团队的成果在全国 10 多个省市的 1000MW、600MW、300MW 等不同等级的燃煤机组及中小热电机组上实现了规模化应用，推动了国家燃煤电厂超低排放战略的实施，为我国打赢蓝天保卫战提供了重要支撑。

这个项目获得了 2017 年度国家技术发明奖一等奖，这是浙江大学首次以第一完成单位获得该奖项，也是浙江省第一个国家技术发明奖一等奖。

坚守育人精神
他是甘为人梯的“铺路石”

“能有幸成为工程院院士，我特别感恩党和国家创造的伟大时代，特别感谢学术前辈们的鼓励与认可，特别感谢一直以来关心支持我的单位、师长、团队、家人和朋友们，他们的无私奉献与默默支持给了我攻坚克难的勇气和决心。”

在高翔看来，前辈的指引、团队的协作和产业界的支持是他这一路走来的重要支撑：“对于工科来说，团队对于个人的发展特别关键，只有互相支持、互相补位，才能干得了大事、干得成大事。”

“高老师一直用实际行动告诉我们科研是没有捷径的，踏踏实实才会有收获。”高翔团队成员郑成航教授说，“高老师鼓励大家将多学科知识交叉碰撞，培养科研的创新思维。与此同时，高老师为团队成员提供了广阔的平台，以国家重大需求为科研导向，将成果写在祖国大地上，在解决科研难题和实际问题的过程中施展才华、增长才干。”

高翔长期坚持在教学科研一线，时刻关心着学生们的个人成长和发展。他常说：“年轻学生本身有巨大的创新潜力，创新能力强，关键是要搭好平台来激发他们的积极性和创造力。”

“我从本科三年级就跟高老师做科研，高老师激发了我的兴趣，并对我的职业发展进行了很好的指导，于是我进一步攻读博士学位。”直博生胡文硕说，“高老师平时科研工作繁忙，但坚持定期召开课题组讨论会，不仅讨论研究方向和实验方案，更关心同学的思想和心理动态，关心同学的未来发展。”

一直以来，高翔热心指导本科生参与节能环保工作，并对二、三年级的本科学生开放了实验室，鼓励本科生参与研究，参加国家节能减排大赛。在他的指导下，多支队伍获得了优异的成绩。他常说：“学生取得成绩比我自己取得成绩还要高兴。”高翔作为第一指导老师指导的学生科技作品曾获由中国工程院、美国国家工程院、英国皇家工程院联合主办的“全球重大挑战峰会”的唯一金奖，第 44 届国际发明展金奖及特别大奖，以及全国大学生节能减排大赛特等奖、一等奖等多项奖励。

近年来，他积极推动教学模式改革创新，牵头与京都大学、瑞典皇家工学院等建立了研究生双学位培养计划，形成了中外合作互派学生、互换课程、互授学位的双学位联合培养模式，进一步完善了复合型创新人才培养体系。凭着对教育事业的饱满热情、无限热爱与尽职尽责，他受到了广泛赞誉，被评为浙江省第五届师德先进个人。

厚植爱国精神

他是胸怀家国的“奋斗者”

回望来时路，胸怀“国之大者”，一直是高翔的座右铭。

1990年，在导师岑可法院士的指导下，高翔进入了能源环保领域，始终坚持科技工作者首先要爱国，要以国家的战略布局和社会需求为导向，肩负起为国家排忧解难的责任和使命。对于高翔而言，正是这种信念支撑着他内心砥砺前行。

在对初心和使命的坚守中，高翔默默践行着新时代科学家精神。在追求减污降碳的30余年里，无论是在实验室还是在工地现场，高翔的实干作风都给人留下深刻印象。为了验证自己的一个研究想法，他和团队成员常常通宵达旦做实验；一次中试规模的测试实验，一开始就是5000个小时不间断；一次检修，凌晨两点接到电话就火速赶到电厂。高翔和他的团队在企业、用户眼中已经成为解除疑难杂症的“环保医生”。在这个过程中，高翔团队和企业合作，共同制定了国家及行业标准共70多项，推动了国家大气环保装备的标准化体系建设。

创新无止境，奋斗无止境。超低排放关键技术成果在电厂成功应用之后，高翔又把目光转向了海上。

行驶在海上的船舶所排放的污染物，是大气污染的来源之一。随着国际海事组织新标准、新规范的密集出台和陆续实施，航运界也掀起了一场节能减排大变革。高翔带领团队，从陆地电厂走向海洋船舶，进行了适应性技术研发，使得船舶污染物排放浓度指标显著优于国际海事组织制定的法规要求。

与此同时，低碳排放也是高翔重点关注的对象。有数据显示，能源电力的碳排放占总数的比例超过40%，是实现碳达峰、碳中和的关键领域，急需科技支撑。“能源是工业的‘血液’，对国民经济的发展影响非常大。我国政府已向国际社会庄严承诺，如期实现‘双碳’目标，所以留给我们的时间相当紧迫，急需我们科技人员研发一批低碳、零碳的新技术，推动我们的能源环保事业再上新台阶。”

高翔说：“院士是荣誉更是责任，我将以此为起点，带领团队勇于担当、不懈奋斗，为国家、为社会做出更大贡献。”面向第二个百年新征程，高翔团队将继承和发扬老一辈科学家心系祖国、服务人民的优秀品质，聚力攻克减污降碳关键科技难题，继续为建设“绿色中国”“美丽中国”贡献硬核科技力量。

（文：吴雅兰）

罗尧治：为人民盖好“大屋盖”

上海世博会的世博轴、杭州奥体中心的大莲花、中国天眼FAST的反射面背架……这些气势恢宏的地标性建筑与工程，无不让世人感叹！它们有一个共性特点，就是都属于以大跨度、大空间、大面积为主要特征的现代空间结构。

现代空间结构由索、杆、梁、膜等单元组成，展现出形式多样、轻质高效、造型美观、工业化程度高的特性，已经成为一个国家建筑科技水平的重要标志。我国已经建成的1200座大型体育场馆、240座民用机场和530座高铁站房等几乎所有大型公共建筑都离不开空间结构技术。

“经济发展呼唤技术发展，技术发展促进产业发展。”浙江大学建筑工程学院罗尧治教授团队，历经30年产学研联合攻关，通过结构体系创新驱动、理论和设计方法研究、大量模型试验验证和工程实践，研发了刚性、柔性与刚柔性系列空间结构新形式，建立了张力结构、网格结构与可展结构分析理论，研发了先进试验装备、制造工艺与施工工法，取得了系统性、引领性成果。这些成果被广泛应用于机场、高铁、会展、能源等领域及国家科学工程，社会经济效益巨大，极大地推动了我国从空间结构大国向强国迈进。

三十年，三代人，引领体系创新

要建造屋盖，大家首先想到的就是梁，我们平常造房子，一般都是用钢筋混凝土的梁来撑起整个屋盖。但在大型建筑中，随着跨度的增大，梁本身重量的增加幅度将超过了承载力的增加幅度。这样一来，用钢筋混凝土的梁来撑起整个屋盖就比较“吃力”了。

怎样才能既减轻梁的重量又能保证足够的承载力？人们想到的办法是将梁镂空或是改变其材料，减轻其自重。这就是桁架，可以用在跨度几十米的工程项目中。但是当跨度在百米以上时，就需要用到网架网壳、张弦和弦支、索桁和索穹顶等空间结构了。

结构好比是大建筑物的骨架，建筑最终能不能“立”起来，骨架很重要。然而，原有的结构体系不能适应大跨度、超大跨度的建筑要求，超高、超大、超长结构的建造难题一直困扰着空间结构行业的发展。

20世纪90年代初，深圳要新建机场，浙江大学团队负责这一当时国内首个使用空间网格结构的航站楼的屋盖结构设计。深圳国际机场T1航站楼有4000平方米，这么大的空间，中间只有少量柱子支撑，能不能安全使用？每个人心中都有一个问号。接到这一任务后，罗尧治跑得最多的就是深圳，不仅要与建设方反复沟通，做成什么样子，用什么样的结构，在建设过程中还要时时关注加工和施工效果是否与设计一致。

这样跑工地，对罗尧治来说并不陌生。20 世纪 80 年代末，从他跟随董石麟院士做本科毕业论文开始，跑建筑工地就已经成了家常便饭。“本领不是天生长出来的，很多都是靠前辈的传承。董老师是国内第一代做空间结构的，跟着董老师学习，我很快有机会接触到大工程。”

在实际的设计工作中，团队碰到的一个最大的难题就是在有限的时间内需要完成大量的计算工作。“没有数据可以借鉴，必须靠我们自己，但这样大体量的工程，人工手算是难以想象的。”为此，罗尧治当起了“程序员”，通宵达旦地写代码，最终研发出了一套空间结构设计软件（MST），顺利完成了项目的计算工作。后来，随着建筑物体量不断增大，设计的结构越来越复杂，上万个构件粗细不同、长短不一，而且每一个节点的方位、角度都不尽相同，MST 软件也随之不断地迭代更新，只要输入一串参数，就能自动建模，形成结构样式。“在过去，一个 1000 平方米的小工程，需要专门雇人画图纸，没有一两个星期做不出来，而现在用了软件，只需要几个小时，便能完成，几乎是立等可取。”

直到现在，这套“30 多岁”的软件仍然是应用最广的空间结构专业软件，这在日新月异的软件领域非常难得。一位业内人士评价说，这个软件非常专业和面向工程实际，不仅解放了劳动力，而且安全可靠。

简便的计算，为的是更好地服务工程需要。

过去我国的很多煤场都是露天堆放，风一刮，粉尘漫天，环境污染严重。能否做一个大盖子，把煤场“盖”在下面？要想盖住整个煤场，大盖子面积必须足够大，如何确保在风、雪、地震等复杂环境中，这个大盖子安全可靠？团队系统化地开展了三心圆柱面网壳结构的优化设计研究，对结构体系进行了创新。

团队还科学地提出了基于基本组成单元的空间结构分类方法，研发了刚性、柔性、刚柔性系列空间结构新形式。多种新型结构形式首次应用在北京北站、济南奥体中心、深圳北站等大型建筑中，填补了多项国内外空白。

中国空间结构行业自20世纪90年代以来快速发展，浙江大学的研究团队从中起到了重要的作用。与此同时，团队培养了一批以80后为骨干的第三代空间结构人。“浙江大学的空间结构团队经过三十年、三代人的努力，为我国空间结构技术的发展做出了重要贡献。”团队的奠基人董石麟院士如是说。

从跟跑，到并跑，形成系统的分析理论和创新的设计方法

进入新世纪，随着中国经济的腾飞，中国建筑行业也迎来了大发展，各类会展场所、机场、高铁等项目如雨后春笋般在全国各地不断涌现，这也呼唤着空间结构技术的进一步提升。“空间结构的发展镌刻着深深的时代烙印。”罗尧治说。

位于浙江绍兴的曹娥江大闸，是我国强涌潮河口地区的第一大闸，也是浙东水资源配置的重要枢纽工程。涌潮的拍击和大量的淤泥堆积是这一河段的特色。

2007年，曹娥江大闸修建，按照传统的方案是做成梁板结构的平面受力体系，罗尧治团队却创新性地把空间结构体系“移植”过来，设计成了仿鱼的双拱形空间桁架结构闸门，仅在闸门的用钢量上就节省了1600万元，而且由于整体重量降低，机电设备方面又节省了一大笔

费用，同时还解决了涌潮造成的结构疲劳和泥沙淤积问题。这个首创项目获得了浙江省科技进步奖一等奖。

空间结构体系的创新离不开新型节点形式，而新的节点形式是否有足够的承载力，相应的加工工艺与构造是否满足设计的要求，一般要做足尺试验来验证。过去是“一把钥匙开一把锁”，根据不同工程项目的不同节点形式定制不同的加载反力装置，但做完试验后，相应的反力装置也就报废了。为此，团队首创了球形全方位加载装置，解决了多点多向精准加载问题。就像一个“通用模板”，它可以满足空间全方位、10个加载点的试验需求，同时一体化集成了机电和数据采集设备。这样，不同形式的空间结构节点只要采用同一装备就能完成试验。这套全世界独一无二的试验装备，可以降低试验成本50%以上，提高效率4倍以上。

始建于1905年的北京北站，是我国自主设计建造的第一条干线铁路——京张铁路起点站。2007年，北京北站新站房正式开建，罗尧治带领团队负责该站房跨度108米、长680米的新型张弦桁架雨篷结构的设计。当时施工方面临的一个难题是：不能影响铁路运行，站台上方不允许有施工作业面。因此，只能先在站台的尽头搭设施工胎架，然后将结构分批在胎架上组装完成后再高空滑移到站台上方“粘”起来，但这样会不会影响工程质量，施工方心里没底。“这就需要马上拿出最快、最省工序的技术方案，因为施工赶时间，拖不起。”了解情况后，罗尧治带领团队多次去施工现场，反复演算，终于顺利完成了施工方案的制订，确保了工程顺利进行。

“北京北站现在还保留着詹天佑时期的小站台雨篷，现代与历史在这里交相辉映，这也让我们为中国科技的自立自强而感到骄傲。”

正是在这个10年间，团队开始在自主创新中谋求突破，在工程实践中创建了索杆张力结构形态协同设计、网格结构精细化分析、可动结构分析等理论方法，创新发展了现代空间结构基础理论和设计方法。

“世博轴”、首都国际机场T3航站楼、国家大剧院……在团队的共同努力下，空间结构工程中的一个个核心难题得以解决。与此同时，团队主编了我国第一部空间网架结构技术标准，创办了我国本领域唯一的科技期刊《空间结构》。

中国造，造世界，推动建造技术发展

最近的10年，中国空间结构科技开始领跑世界，很多国家的大项目用的都是中国方案，其中，不少就是出自项目团队的手笔。

迪拜“City of Arabia”是世界上最大的室内主题公园。这个项目在方案论证阶段就遇到了重重考验。罗尧治回忆，他和另一家国际咨询公司一同检测结构计算分析数据。两台电脑并排放在桌上，同时跑数据，业主方就在旁边盯着，整个房间的空气仿佛凝固了一样。中途，有组数据对不上，双方同时再进行验算，罗尧治率先算出了结果。一开始还有点半信半疑的业主方，脸色由阴转晴，露出了笑容。

“刚开始，让对方认可是一个很痛苦的过程，但是现在越来越多的中国工程、中国标准走到了国外。”罗尧治说，目前团队应用工程遍布全球31个国家和地区，累计项目逾千个。

杭州亚运会网球馆旋转开合屋盖这样的功能结构，以及自由曲面的构型，在浙江大学的实验室里早几年就已经开展过研究，后来被广泛应用于各项工程。比如，杭州奥体中心的“大莲花”是曲面形，又弯又扭，怎么设计加工呢？团队研发了复杂异形构件的高精度加工制作技术，形成了高精度、高效率成套加工工艺。“高校的核心工作是解决技术的理论问题和方法问题。越到后来，就越是一个产学研联合的结果。”

在国家重大科技基础设施FAST项目中，团队承担了反射面背架结构加工与拼装核心任务，通过产学研攻关，解决了20万个球节点、55万根杆件、4450片单元精密制造难题，实现了空间网格结构高精度的“中国制造”。

浙江东南网架公司是FAST反射面背架的加工与拼装施工单位，承担了国内大量空间结构的加工和安装项目，成为行业翘楚。可谁能想到，在很多年以前，这是一家以农机配件为主的乡镇企业？依托浙大科技创新，他们不断积累人才、积累技术，承担了大量重大的空间结构项目。“最开始我们的技术还很落后，分析设计、加工制作和施工安装能力都不足，但浙大空间结构团队不怕苦、不怕累，跟我们协同攻关，帮我们培训和培养技术人员，带着我们做项目。这样我们的企业才一步步发展起来了。”浙江东南网架股份有限公司常务副总经理、总工程师周观根说。

在扶持企业的同时，团队培养的600多位空间结构高层次人才，像蒲公英一样，带着从团队学到的本领“飞”到各地，让这套技术在很多地方落地生根。这样算来，带有团队基因的空间结构工程可以说是遍布中国了。

时势造英雄，英雄造时势。42项国家科研项目、32项“第一”或“最大”的工程应用、省部级科技奖励5项和行业特等奖1项……一个团队30年的辛勤耕耘，带动了一个行业的发展与进步。

“30多年来，我一直耕耘并热爱着空间结构事业，我的理念始终是立志成为行业科技创新进步的引领者和推动者。”罗尧治说，团队很幸运地与行业一同经历了从小到大、从大到强，从跟踪借鉴到自主创新的过程,“未来我们也将继续与时代、与国家需求同频共振,为空间结构的再发展贡献我们的力量。”

(文:柯溢能 吴雅兰/图:卢绍庆)

黄祖辉："三农"履历贯通职业生涯

"帮助景东巩固脱贫攻坚成果，我们还有很多工作要做。"70 多岁的黄祖辉到云南景东彝族自治县调研时说。这趟从东到西跨越 2600 公里的出差，黄祖辉早已不陌生。自从 2013 年被聘为当地的经济发展顾问后，他每年都要跑一趟景东，赶飞机、坐大巴，辗转十几个小时，讲课培训、决策咨询，竭尽所能帮助农民兄弟脱贫致富。

黄祖辉的头衔有很多：浙江大学求是特聘教授、博士生导师，浙江大学中国农村发展研究院首席专家……而最新的一个是浙江大学教职工最高个人荣誉——竺可桢奖得主。

“很吃惊，没想到。”平静了一会，黄祖辉有点自言自语地说道，“以后要更加努力呀！”

扎根中国大地研究“三农”问题这么多年，千帆过尽依然对“三农”事业充满热爱，并执着追求，也许此刻就是这位“三农”教授最大的满足。

从大上海到北大荒

黄祖辉出生于上海，和很多城里孩子一样，小时候也没去过农村、下过田地。人生的轨迹在 17 岁那年画了一道弧线，把他送到了千里冰封、万里雪飘的北国——在“上山下乡”的浪潮中，他成了黑龙江北安县（现为北安市）引龙河国营农场的职工。

黄祖辉与“三农”的情缘也就此开始。

赶牛车、下大田……此后的 3000 多个日日夜夜，在广袤无垠的“北大荒”挥洒青春汗水的同时，黄祖辉开始思考未来的出路：自己的出路，中国农业、农村、农民的出路。

1977 年底恢复高考，黄祖辉抓住机会考上了黑龙江八一农垦大学。自己的人生出路算是渐渐明晰了，可是中国发展的“压舱石”产业、广大的农民兄弟该何去何从呢？比如他自己就有切身体会的现实问题：即使农场职工没日没夜地干，大多数国营农场也依然亏本，其中的症结何在？

实践的锤炼与理论的思考很快就擦出了火花。大一的时候，黄祖辉就发表了他人生中的第一篇“三农”论文——他与几位知青同学一起撰写了《应重视国营农场的经营管理》的文章。“这篇文章与其说是我们学了一点理论知识后，对当时国营农场经营管理体制的弊端提出的一些看法，不如说是我们在黑龙江农场 9 年知青生活后的感悟。”

初生牛犊不怕虎，他们把文稿寄给了著名经济学家于光远，想请他指点指点。没想到于先生很重视这篇文章，经他推荐，论文发表在了权威刊物《经济研究》上。

9年知青经历，44年学术研究，黄祖辉的人生道路与“三农”再也分不开。

“要为中国的农民做点什么，可以说是我走上‘三农’研究道路最直接的动力。研究‘三农’问题不仅成了兴趣，而且成了我一生的追求。”

挑战陈规探求真知

1983年，黄祖辉考上了当时的浙江农业大学农业经济管理专业研究生，师从赵明强先生，毕业后留校任教，其间还远渡重洋，在瑞典农业大学“洋插队”一年，攻读新制度经济学。

扎实的理论学习、丰富的田野调查和多边国际合作经历让黄祖辉对于“三农”问题的洞察和思考越发深入。国家兴亡，匹夫有责。在黄祖辉看来，一个学者的价值，在于能够敏锐地察觉到社会的问题，并提出解决的办法。至今，黄祖辉已在国内外重要学术刊物上发表学术论文300多篇，出版各类学术专著20多部，先后向中央和省委、省政府提供“三农”研究决策咨询报告和提案百余件。

2005年12月29日，全国人大常委会经过表决，通过了关于废止农业税条例的决定。千年“皇粮国税”，一朝成历史。

最早在两会上提出“暂停征收农业税”建议的学者就是黄祖辉。2002年在浙江省两会上，黄祖辉和徐立幼教授、陶勤南教授等提出了取消农业税的提案。黄祖辉这样阐述他的观点：农业税是计划经济的产物，随着市场经济的迅猛发展，农业税不仅对农民是一种负担，而且也已经不适应时代的潮流，不能再“损不足而补有余”。

黄祖辉一直坚持以他的学识和担当为政府决策提供真知灼见，有时候为了这一个“真”字，甚至甘冒风险。

浙江是我国最早颁布农民专业合作社地方条例的省份，这背后就有黄祖辉不求回报的付出。黄祖辉认为在农产品供大于求的情况下，农民要联合起来共同应对市场需求，“只要农业是家庭经营的，农民的合作组织就是最好的组织制度匹配”。

但曾几何时，社会上一度存在“谈合色变”的倾向，农民合作组织的再发展始终名不正、言不顺。为此，在与浙江台州市农业局商谈后，黄祖辉出面邀请了国际专家学者，举行了“农民合作组织制度建设和立法”国际研讨会，为合作社的立法与法人地位提供依据，并且促成了2005 年 1 月《浙江农民专业合作社条例》在全国的率先出台。他本人也获得了 2008“中国合作经济年度人物”。

此外，他也是在 20 世纪 80 年代国内最早提出进城农民“市民化”概念和政策主张的学者，虽然当时未被完全采纳，但随着中国经济社会的发展，这一主张已成为国家推进新型城镇化的政策重点和社会共识，这一成果在 2007 年浙江省哲学社会科学成果奖评审中荣获“突出学术贡献奖”。

倾力打造农经学科

“中国的‘三农’问题，是一个涉及经济、管理、农业技术的复杂的系统性问题。”黄祖辉认为，面对新形势、新问题，农经学科的发展、“三农”问题的解决，需要聚八方英才、汇八方力量。

在黄祖辉的努力下，1999 年“农业现代化与农村发展研究中心”(简称“卡特”)这个以农经学科为核心，同时汇集经济、管理、法学、农学等相关学科力量而组建的教育部人文社会科学首批重点研究基地在浙江大学落户。2006 年，在“卡特”中心的基础上，学校又成立了中国农村发展研究院。

作为“卡特”的掌门人，黄祖辉执掌浙大农经学科 20 多年。在他看来，中国的农经学科是一个与国家“三农”事业发展紧密结合的学科，是一个包容性和应用性都很强的特色学科。在农经学科的发展过程中，他充分利用浙江大学学科门类齐全的多学科优势，创新学科发展体制机制，倾力打造浙大农经学科平台、团队和“卡特”这一浙大农经学科的品牌，吸引各路才俊加盟。

被誉为中国农业品牌“拓荒者”的胡晓云教授就是其中之一。此前国内很少有学者做农业品牌的研究。胡晓云加盟“卡特”之后，组建了全国第一个农业品牌研究中心，把传媒技术和农业经济融合起来，用品牌唤醒沉睡的资源，威宁苹果、尼勒克蜂蜜、奉节脐橙、平泉香菇……一个个贫困地区的区域公用品牌，在“卡特”手里成熟，成为“绿水青山”变成“金山银山”的桥梁。

“以基地为平台，以‘卡特’为品牌，以项目为纽带，以学术为根本，以制度为保障”，黄祖辉带领“卡特”建立了农民合作组织、农业品牌、农村电商三个研究中心，汇聚了几十位来自各领域的专家，分别解决组织化、品牌化、电商化等中国“三农”发展的难点痛点，从而提高生产效率，形成农业品牌，拓展营销渠道，推进小农与现代农业衔接。

打造国家“三农”研究高端平台和智库，面向国家“三农”重大问题和重大战略，组织团队开展攻关研究，这也是长期以来黄祖辉研究“三农”问题的特点和亮点。

2004 年，黄祖辉主持“解决中国‘三农’问题的理论、思路与对策研究”，这是浙江大学申请到的第一个国家社科基金重大项目。此后，大量重大科研项目纷纷落户“卡特”。

大平台谋划大项目，大项目吸引大团队。如此的良性循环受益的不仅仅是“卡特”本身。浙大的农经学科和“三农”研究借由“卡特”建立在了一个层次更高、力量更强和更包容开放的研究平台基础上。在黄祖辉的带领下和学科团队的协同下，浙大农经学科在教育部前四轮学科评估中，一次第一、两次并列第一、一次并列 A+，并被列入国家“双一流”建设学科。同时，“卡特”也入选高校高端智库联盟首批成员单位。

培养人才是学科发展的重要使命。在忙于科研的同时，黄祖辉还悉心培养年轻一代的“三农”学者。至今，他门下的各类学生有 200 多人，其中博士生已经超过百人，而且毕业后大多数都活跃在“三农”研究领域。目前，已有 10 位毕业学生获得过国家社科基金的重大项目。

浙江大学中国农村发展研究院副院长郭红东在师从黄祖辉读博期间，获得过全国优秀博士学位论文提名，他说：“黄老师告诉我们要顶天立地做研究。在他的带领下，我们的论文写在大地上，建立在无数份问卷调查和数不胜数的农村走访中。”

黄祖辉认为，在课堂学习之外，高校更要培养学生服务社会的能力。浙江大学学生三农协会便是在黄祖辉等老师的关心下建立起来的。提供经费支持、引导课题选择、修改活动策划……这些事虽然挤占了不少时间，但黄祖辉仍乐呵呵地说：“这是双赢，也是农经学科发展的需要！”

躬耕不辍行路不止

和农民一起站在田埂上，这是黄祖辉多年来助力脱贫攻坚和乡村振兴的生动写照。浙江安吉、云南开远、贵州湄潭、广西邕宁、安徽宿州、四川蒲江、山西长治等市县都留下了他跋山涉水、深入一线的足迹。黄祖辉坦言:“50多年来,我去得最多的地方就是农村。看到农村不断发展,会产生自豪感;看到农村还有不少贫困落后的现象,会产生沉重感。”

2013年开始,浙江大学对口帮扶景东。摆问题,找原因,提思路,在近10年的帮扶中,作为经济发展顾问的黄祖辉给当地提了很多“金点子”。一次,黄祖辉在调研中发现,当地有很多特色农产品,却迟迟打不开销路。比如,在山路十八弯的一个村头,有棵500多年的老核桃树,现在每年还能产200斤核桃。黄祖辉听说后眼睛一亮,立马去实地查看,指导村民对核桃进行分级加工,打造品牌,开拓销路。

“无量山、哀牢山是国家自然保护区,周边可以好好规划下发展生态休闲业,以‘两山’理念引领景东‘两山’绿色发展。”这次来景东,黄祖辉和同事们去了无量山考察,在景福镇岔河村、锦屏镇黄草岭村调研乡村文旅产业发展路径,还给景东县干部们做了长效脱贫的专题报告。

让黄祖辉高兴的是,当地已经通了高速公路。“听说以后还要规划造高铁,交通方便了,很多问题就会迎刃而解。我们把巩固脱贫攻坚成果同乡村振兴有效衔接起来,老百姓的生活肯定会越来越好!”

在“三农”领域50多年辛勤耕耘,背后是执着,是担当,更是无限的热爱。

“饭碗要捧在自己手里,碗里要装自己的粮食。从总体上看,‘三农’问题还是发展中的一块短板,要实现国家现代化就要先解决‘三农’问题。”

很显然,研究与解决中国的“三农”问题任重道远,还需不断地努力和探索。黄祖辉的“三农”履历也将不断续写……

(文:吴雅兰)

武建伟：扎根台州的“智多星”与“活名片”

他是“土生土长”的浙大人，毕业后扎根台州10余年，他是为企业发展出谋划策的“智多星”、台州人才引进的“活名片”，他就是全国五一劳动奖章获奖者、浙江大学台州研究院机电研究所常务副所长武建伟。“勤”字当头、“实”字为要、“责”字在心，是他恪守的人生格言。

“土生土长”浙大人，扎根台州10余年

“在台州工作10年了，每周往返一次。周五回杭州，周一再过来。开车从办公楼到家正好是4个半小时，现在有高铁了，时间差不多一样。”10年的奔波生活，在武建伟的口中，被浓缩成一个时刻表。

武建伟与台州的“缘分”，还要追溯到他在浙大的求学时光。2002年，武建伟在浙大攻读博士学位，其间跟随导师到台州做项目。这是他第一次踏足台州这片拥抱创新创业的热土。台州是长三角地区重要的制造业基地，五金机电、汽摩配、水泵阀门、机床制造等是其主导产业。在台州市政府与浙江大学共建台州研究院的背景下，2007年导师团队在台州路桥筹建了浙江大学台州研究院机电研究所。2009年，武建伟作为团队骨干，毅然担当重任，接替导师成为机电研究所的带头人。

在台州引进的8个科技平台中，浙大是其中之一，也是颇受认可的一个。10年来，武建伟带领研究所克服了初建时期的各种问题，逐步找准了与企业合作的切入点，明确了研究所的发展方向；10年来，武建伟带领研究所从无到有、从弱变强，现已搭建了一支拥有博士、硕士数十人、年申请和授权发明专利10余项、年科研经费超千万元的科技服务团队，为企业提供了百余次智能装备、3D打印、企业信息化等方面的服务，成为台州市路桥区高层次人才聚集和科技创新的高地。

企业发展的“智多星”，为上百家企业提供服务

在台州，武建伟团队可以说是企业的“智多星”，他们致力于帮助企业突破技术瓶颈，为上百家企业提供技术服务。

2012年，武建伟主持研发的陶瓷阀芯自动装配生产线项目得到企业的青睐，双方签订协议开展产学研合作。研发团队每天在车间里做成千上万次的装配试验，一遍遍重复着相同的工序，从中发现问题，寻找原因，然后找出解决办法。经过两年多的努力，装配线效率大大提高。

该项目攻克了陶瓷阀芯装配中零件数量较多、零件形状不规则、

装配作业精度不高等诸多难题，一条生产线可有效替代 8 至 10 名工人，相关成果已申请国家专利 20 项。

这一成果不仅为企业带来效率提升，成为台州制造迈向台州“智造”的重要一步，也让武建伟获得莫大的成就感。“其实读博时，和其他同学相比，我不太擅长写论文，更倾向于通过大量实验将理论落地，解决实际问题。在台州，我找到了这样的机会。”他说。

武建伟团队深入实施创新驱动发展战略，在“互联网＋智能装备”领域亮点纷呈，帮助多家企业突破了信息化、自动化技术瓶颈，完成了关键时期的优化升级。

在互联网、大数据方面，团队与浙江彩洲高科技有限公司合作开发了基于互联网的危废收集一体机，其利用移动互联网、物联网等先进信息化技术，实现了不同单位的信息集成，优化了危废处置的流程，提高了危废处置效率，降低了企业危废处置成本。同时，武建伟团队将互联网技术应用到多家企业数字化车间的改造和建设中，实现生产装备与 ERP 等软件信息的集成，提高了企业生产的实时性和智能性。

化身人才引进“活名片”，亲力亲为引人才

在开展技术研发的同时，武建伟博士也致力于为台州市经济社会发展引荐高层次人才。

他将自己化身为台州聚才引智的“活名片”，以人才引人才的方式，积极向身边的优秀人才讲述自己 10 年来在台州创新创业的心路历程，宣传台州市力争跻身全省经济总量第二方阵的发展优势和市委、市政府为打造“人才生态最优市”所出台的人才政策，有重点、有针对性地引导高精尖人才加入台州主导产业和战略新兴产业发展行列。

目前，由武建伟推荐的台州市“500 精英”入选者已达 8 人之多，主

要集中在机电设备产业、高端装备产业领域，为台州“制造之都”建设输送新鲜血液。

热心做公益，饮水思其源

“落其实者思其树，饮其流者怀其源。”武建伟对于台州的回馈，也并不局限于搞好科研。他还热心公益事业，积极参加慈善活动。在任新居民联合会会长期间，他召集组织60多名社团会员，开展困难户慰问、农民工子弟学校帮扶、企业义诊、安全健康宣传等公益活动，让越来越多的新台州人感受到台州的温暖。

既然选择了远方，便只顾风雨兼程；既然选择了扎根台州，就要为实现“制造之都”的台州梦鞠躬尽瘁。

“台州市政府对我们非常重视，这也是我选择留在台州的重要原因。”武建伟始终铭记政府、企业、群众等多方力量对他的肯定和支持，而这份感恩也转化为更深厚的内驱力，鞭策他毅然决然地引领团队，马不停蹄地继续奔跑。“‘勤’字当头、‘实’字为要、‘责’字在心”，这是武建伟一直恪守的人生格言。

（文：李希希 杨怡）

王岳飞：一片叶子富了一方百姓

我国是世界第一大产茶国和茶消费国，不论是茶叶种植面积、产量，还是消费总量、出口量都名列世界前茅，可以说“中国茶，冠世界”。茶更是产业扶贫、精准扶贫的重要抓手。

浙江大学定点帮扶的云南景东彝族自治县，就有茶叶面积 23.48 万亩，相当于西湖龙井茶园面积的 10 倍。作为普洱茶的主产区，数百年树龄的古茶树比比皆是。这里的茶叶虽赢得了品质高地的美称，但却因为山路遥远，成为价格洼地。景东全县的茶叶产值，还不到西湖龙井的一半。

“高山云雾出好茶”，5 年来，在学校的高度重视下，浙江大学农业与生物技术学院王岳飞教授团队创造性地以“紫金普洱”茶项目为抓手，通过科技力量促进景东茶叶品质提升，优化茶产业链管控，真正让一片叶子富了一方百姓。该项目获评第五届教育部直属高校精准扶贫精准脱贫典型项目。

树叶变现金，山货走出群山

景东古树茶资源丰富，唐代樊绰所著的《蛮书》中记载：“茶出银生城界诸山。”当地茶树与大家熟知的西湖龙井在外形上有着很大的区别——树形高达 2 米，有明显主干，长得像桂花树一般。

王岳飞说：无量山区独特环境造就的景东普洱茶，干茶条索匀整，香气清幽，茶汤则金黄浓郁透亮，香气淡雅持久，有山野气韵，茶底软嫩，鲜活有弹性。

但是这样的高品质，却由于山路遥远，无人知晓，卖不出好价格。尽管每年只采摘三成左右，但仍有一大半无法卖出。王岳飞和团队看在眼里，急在心里——古树茶换不成钱，就只是树叶。

何不让普洱茶讲述浙大和景东之间的故事，通过浙大校庆将两地情缘发扬光大呢？“紫金普洱”应运而生。“这个名字让人意识到一所高校应担起的时代使命。”王岳飞说。

2017 年 5 月初，在浙大建校 120 周年纪念日前，在王岳飞团队全程质量把关下，景东茶企天泽茶业生产的 17120 饼景东普洱茶制作完毕。

但“紫金普洱”的售价应定多少一饼？

刚开始有人提出每饼 1200 元，王岳飞断然否定了这个定价。“制作紫金普洱茶的初衷不是让某个商家赚钱，而是让农民卖出更多茶叶赚到钱，同时也为消费者找到一款性价比高的好茶。”他说，“我提出每饼 120 元，一则是为纪念浙大 120 周年校庆，二则是茶农也能赚到钱，得实惠。只有卖出品牌和销量，我们才能把山上的树叶变成现金。”

果不其然，当年 5 月 1 日，这份来自景东群山的 200 多万元“紫金普洱”茶一上线，就被浙大师生校友在一天内众筹一空。而对景东农户来说，“紫金普洱”的问世则让“古茶树变身摇钱树”。

负责授权生产“紫金普洱”的景东茶企天泽茶业负责人罗凯鸿说：“当时正值景东普洱茶消费低谷，是浙大的帮扶让我们走出了困境。”

其实走出困境的远不止一家茶企，背后还有 626 户贫困户。施荣就曾是当地帮扶的建档立卡贫困户之一，短短几年，通过提供“紫金普洱”原料毛茶和自己的打工收入，成功脱贫，不但盖起了新楼房，而且购买了一辆轿车以便更好地销售茶叶。“浙大为我带来了幸福的生活。”他说。

“紫金普洱”的故事还在延续，茶叶以每年每饼增加 1 元的微小涨幅，始终坚持高品质、高性价比的初衷，开展景东茶品牌建设。

据统计，项目运行以来，累计生产“紫金普洱”13.6 万多饼，直接众筹 1500 多万元，并带来间接销售、定制等业务，累计销售额近 3000 万元。同时，王岳飞团队还建立起了高等学校、地方政府、龙头企业相协调，科技创新与产业发展相融合，品牌建设与场景式推广相促进的高校助力地方精准扶贫新模式。

“事故”变故事，品质是品牌的生命线

用王岳飞的话说，品牌经营中卖掉茶叶只是最后一步。而真正要用心、用情、用力帮扶的是标准茶园建设、病虫害绿色防控、清洁化加工等方方面面的工作，他带队实行了一系列严苛措施与改革，通过科

技和管理的力量确保每一个茶饼的品质。

每年春茶上市时，王岳飞都会请团队成员、景东县茶产业首席专家、浙大农学院副教授汤一，或者项目具体执行人叶金章等到景东进行蹲点指导。而他则是通过电话随时紧盯景东的动向，第一时间做出技术研判。“质量是‘紫金普洱’生产中的生命线，因此品质把控的标准严之又严。一旦有滥竽充数的茶叶流入，就会被我们火眼金睛地筛查出来。”王岳飞说。

“刚开始有些农民做不好，质量达不到要求。我们就到农民家里，手把手地教他们制作。”这座山与那座山的茶叶味道不一样，这棵树与那棵树味道不相同，这时候通过拼配手段让茶的色香味品质趋于稳定是关键的一招。农民们要按照相同的要求进行粗加工，制作成标准的毛茶。

久而久之，世世代代按照自己经验采茶、制茶、卖茶的农民们，知道了浙大人对品质的高要求，也懂得了品牌附加值的意义。

2018 年“紫金普洱”在众筹时发生的一幕，让王岳飞记忆犹新。那天晚上 11 时许，深圳一位校友发来图片，说当地有检测团队声称检测出“紫金普洱”农药超标。“怎么可能？我们对源头的把控和全流程的把握都很严格，对每批次的原料都进行了检测，难道是包装材料有问题？”

第二天一早，他便把茶样分别送到杭州和普洱的第三方法定单位加急检测，几天后结果出炉，“紫金普洱”茶中非但没有检出农药，其质量还符合中国甚至欧盟的有机茶标准。王岳飞说，虽然“事故”变成了故事，但是这也提醒团队，要坚守质量安全关。

在王岳飞的心中，品质一端连着茶农，另一端连着消费者，要让双方都获得实惠。2020 年初，突如其来的疫情让茶叶销售速度减缓。到底制作多少饼2020年校庆茶，是摆在项目总负责人王岳飞面前的一道考题。

受疫情影响，景东茶叶本身就滞销严重，怎么办？考虑再三，王岳飞还是决心按2019年等量让景东生产2020年版“紫金普洱”。他觉得越是这个时候，景东越是需要浙大人的帮扶。

在众筹的基础上，他摇身一变成为带货主播。2020年5月21日，是浙江大学123周年校庆日，他和学校有关部门组织举办了一场公益助农直播，一晚上销售了20万元营业额。与此同时，也为景东茶品质做了广泛的宣传和推广。

农民变学生，人才兴则产业兴

5年来，王岳飞每个暑假都要带着学生去景东开展社会实践。在他看来，这是科研、教学、社会服务的最好结合。“我一直以为社会实践是大学生成长很重要的环节，是认识国情、热爱专业的重要课题。”

学生们跟着王岳飞一路看，一路听，一路座谈，看茶园看长势，了解设备迭代。车子开到哪里，哪里就是一片学习的新天地。王岳飞说：“这种带着学生的‘慢下来’学习方式，也让自己沉到景东的泥土里更好地服务当地百姓。”

参加了2020年暑期社会实践的农业与生物技术学院2017级本科生周佳豪感触良多：“当我们踏上‘紫金普洱’茶的诞生地，我们深刻体会到，强农兴农是脱贫攻坚道路上最有效、最适合的方式，浙大正是用科技的力量为景东农业带去了曙光。”

而在此前一年的实践中，团队成员周文武研究员发现了一棵生病的古茶树，并现场施治。现场教学、现场培训，农民也就成了王岳飞团队的学生。

这样的帮扶，还表现在为茶农开展集中的技术培训，为滇西应用技术大学普洱茶学院培养未来骨干。汤一已经连续 8 年开展技术指导，让当地成品茶的品质大大提升。

除了带着浙大的学生到景东，浙大各部门还协作促成景东管理干部到浙江来参加各种学习。"我主要是让他们到浙江各地茶区看看，特别是了解杭州、安吉等地茶产业发达地区的情况，让他们开阔眼界，增强发展茶产业的信心。"王立忠说。

功夫不负有心人，王岳飞和汤一也因在社会服务工作方面的突出表现，先后获得全国科技助力精准扶贫工作先进个人，王岳飞更是荣获第二届全国创新争先奖。

2020 年 5 月 16 日，云南景东顺利实现了脱贫摘帽。现在王岳飞不仅要考虑如何帮助茶农继续奔向美好生活，更要深度参与当地"十四五"规划，充分挖掘当地特色茶资源的教学科研价值，并以此为基地培养一批又一批爱农村、懂农业、爱农民的时代新人，促进茶学科发展。

2012 年以来，浙江大学把定点帮扶云南景东作为扎根中国大地办大学的生动实践，充分发挥科教优势，有效联动"泛浙大"力量，开展"造血式"精准帮扶。在第 7 个国家扶贫日到来之际，在 2020 年云南省脱贫攻坚奖获奖名单中，浙江大学荣获扶贫先进集体。

（文：柯溢能）

陈再鸣：把一朵蘑菇发展成大产业

一朵蘑菇，能发展成什么产业？一个人，近 40 年，扎进农村，能干出一番什么事业？

不走进云南景东彝族自治县这个国家级贫困县，不深入脱贫攻坚一线，就无法感受这两个问题的分量。

云南景东，地广人稀、景色秀美，但由于交通不便，农业生产水平低，当地群众收入微薄。这里的人们常说："老天爷给了秀美的景，却没赏能致富的路。"

可在食用菌种植专家、浙江大学陈再鸣研究员看来，没有摘不掉的“穷帽”，只要久久为功，立下愚公移山之志。

35 年钻研食用菌科学种植，7 年扎根云南景东彝族自治县，陈再鸣初心为农，用行动践行誓言：“将论文写在崇山峻岭之间，不达小康不还乡。”

讲给农民听，带着农民干

食用菌是我国农业十大主导产业之一。它是地道山珍，但如何种植、采摘、运到百姓的餐桌，可是个难题。景东人世世代代依赖的是最传统的方式——靠天吃饭。

而这一切，在浙江大学对口帮扶首席专家陈再鸣到来之后，发生了改变。

陈再鸣是浙江省食用菌领域响当当的专家。初到景东，他就立下技术扶贫的军令状，没有寒暄，不讲客套，一头扎进深山。一番走访，他就发现了问题所在：景东有着得天独厚的菌菇生长环境，但由于观念、技术和机制所限，当地老百姓守着“金矿”却挖不出“金子”。

如何开药方？

经过深入走访、科学评估，陈再鸣没有把东部的产业经验复制到景东，而是给出一个当地人从未想过的方向——人工栽培滇西人爱吃的、本地特有的菌，发展林下经济。

看到这剂药方，当地百姓直摇头：“异想天开，不合实际”“书生意气，纸上谈兵”“没带真金白银，不是真刀真枪”。农业之难，难在从无到有，难在打破旧习惯，开拓新方向。农民们不敢也不愿尝试。

怎么办？陈再鸣没有放弃。他一边继续讲给农民听，一边带着农民干。

他带领当地农民建队伍、学技术、找市场，手把手教，从两个示范点，拓展到10多个，再到带动100多人。一年后，便成效初现。眼见为实，农民发现这个产业有奔头，才放下锄头，拿起菌棒，离开祖祖辈辈开采的密林，跟着陈再鸣一起，建起整整齐齐的食用菌种植基地。

农民们知识水平不高，菌类种植经验有限，遇到难题不知该怎么办。于是，只要有时间，陈再鸣就到田里向农民们传授技术。看看东家的通风情况，瞅瞅西户的大棚高度，他总有操不完的心。哪家的棚温度高一些，哪家的棚湿度重一点，他比农民自己还记得清楚。

景东县太忠镇王家村村支书田培金过去几年间，带着村民尝试过种植猪饲料草，尝试过种烤烟，但都没找到致富路，直到跟着陈再鸣一起种植食用菌才看到了希望。他说："农民脱贫致富奔小康，最怕散了人心、没了希望，是陈老师帮我们找到了致富方向。"

守着青山，用技术换来金山

食用菌种植，并不容易。小小一朵蘑菇，浑身都是科技。野生资源调查、人工驯化、人工栽培、菌种产业化，这四步是食用菌从野生状态进入人工栽培的"关键一跃"。这一"跃"，要"跃过"菌种纯化分离，"跃过"温光酸碱的环境拟合，"跃过"栽培基液的探索。

对于陈再鸣来说，最需要的，是时间。抢时间，破难题，要让农民们看到致富的希望。

很多技术难题，教科书里没有，参考文献中也找不到。菌种纯化分离，要从菌体中找到无性繁殖菌丝，复杂程度如同外科手术一般。培养基配方，仅氮、氧两种元素的配方就有40多种。这些配方，是技术上最难攻克的部分。

"规律需要沉下身摸索，经验需要沉下心总结"，从实践到理论再到实践，从实验室到田间，再从田间到实验室，日复一日，陈再鸣找到了人工栽培食用菌的奥秘——个性化配置，“一个配方一朵菇”。

但陈再鸣并不满足于此，他知道，这样“精致”的配方太复杂，农民无法理解。于是，他继续研究，删繁就简，最终研制出一个“万能配方”——一键式栽培管理——菌丝在菌袋中培养成熟，再返回生态林地。无论是木腐菌、草腐菌，还是共生菌，农民只需做简单调节，便可完成分离、培养、出菇的整套流程。陈再鸣将这些流程写成规范，送给村民使用。

自此景东老百姓人手一份食用菌栽培规程，百姓们说：这才是真真实实的“致富经”。

培育、种植，逐渐步入正轨，闲不住的陈再鸣又有了新方向。

一次偶然的机会，他在树桩上发现了珍稀野生菌——小香蕈。陈再鸣如获至宝，因为这种珍稀野生菌价格高、销路好，如果技术发展成熟，当地百姓脱贫致富的步伐就会更快、更稳健。而景东自然资源丰富，除了小香蕈，会不会还有更珍稀、更丰富的菌种？于是，他萌生了一个大胆的想法，建实验室，摸清景东野生菌家底！

于是，当地海拔 2300 多米的哀牢山国家级自然保护区，首次有了食用菌资源保护实验室。几年时间，陈再鸣在实验室里检测珍贵大型真菌样本 1500 个，整理分类和鉴定 700 余个，灰树花、金顶侧耳、红平菇……这些原本只能在山里得见的珍稀菌类，如今通过栽培技术飞入寻常百姓家。

就连珍稀的灵芝，陈再鸣也带领团队，在垂直落差达 2000 多米的景东山林里找到了最佳生存位置。从此，灵芝产业在景东扎下了根。

小小蘑菇，带领景东百姓脱下穷帽。2018 年，全县食用菌栽培总面积达 100 余亩，带动周边农户 200 多户，户均增收 4200 多元。

短短几年时间，小小菌菇燃起了当地千千万万百姓的信心与希望！

初心为农，不达小康不还乡

从 1984 年到 2019 年，陈再鸣深耕食用菌种植领域，从未离开过。在他看来，一辈子很短，做一件事，就要做得像个样子。

多年来，陈再鸣最喜欢的地方，是讲台、实验室与田间地头。课堂上，他是同学心目中的好老师。他善于用案例教学，用种植过程中遇到的真实的难题启发学生，鼓励学生大胆创新。如果有学生找到比他更优的解决方案，他会开心得像个孩子。他还喜欢带学生一道，在实验室、在田间地头、在大山深处，在农民的生产实践中，发现问题，解决问题。

同学们说："特别喜欢上陈老师的课。因为陈老师的课堂一头连着最尖端、最前沿的科研，一头连着广袤的中国大地和热腾腾的农民期盼。"

35 年间，陈再鸣积累了很多专利，有人劝他卖，但他一直没这样做。他说，一旦卖了，农民就不能无成本地使用这些技术，就会增加投入。

35 年间，陈再鸣有很多机会弃学从商，许多市值过亿的大企业对他发出邀请，但他从来没动心。他说，学农的目的是"解民生之多艰"，不是为了自己生活优越。

这些年对于陈再鸣来说，最让他欣慰的，不仅是农民的收入增加了，住房翻新了，机器设备更新换代了，更重要的是，农民们对于科学技术更信任、更渴望了。每次他去村里，农民们都争先恐后地来听他做报告，讲技术。这几年，还有越来越多的农民主动跟他学习如何掌握产业动态，如何写好项目申请书，懂得了汇聚更多的资源到农业生产一线。

“最可喜的是越来越多的新技术、新产业，将越来越多的年轻人留在了农村。因为人才和技术才是乡村振兴的力量和希望。”陈再鸣说。

秋日的深夜，浙江大学校园内已是一片安静，陈再鸣还守在实验室挑灯科研，解决刚刚从农村带回来的技术难题。一个陪伴了他多年的日记本，上面工整地写着：“将论文写在崇山峻岭之间，不达小康不还乡。”

（文：赵婀娜 柯溢能）

尹兆正：让景东乌骨鸡“变身”金凤凰

凌晨5点，打车前往浙江杭州萧山国际机场，乘坐航班到大理，再转乘大巴，天黑时分，才到达云南景东彝族自治县。这样的奔波从2013年起，浙江大学农业技术推广中心副教授尹兆正每年都有七八趟，几乎是隔一个月就到景东见见他的“亲戚”。

根据教育部滇西定点扶贫工作总体部署，浙江大学自2013年开始定点扶贫云南省普洱市景东彝族自治县。该县13个乡镇中有7个是贫困乡镇，其中有4个是建档立卡贫困乡镇。

浙江大学在这里要破解的重大课题是，带动景东百姓精准脱贫奔小康。

“一头扎进鸡窝里，一心扑在鸡身上”

尹兆正，在去云南景东之前，已经是远近闻名的“鸡司令”。到了景东的头一年，就被聘为景东乌骨鸡产业发展首席专家。

面对景东贫困现状，选择怎样的扶贫方式，才能实现精准扶贫、精准脱贫的目标？经过多次实地考察调研、专家论证，学校确定了以产业扶贫为重点，教育扶贫、医疗扶贫跟进的扶贫工作总体思路。打造“普洱茶、景东鸡”特色品牌成为当时的一个重要选择，在景东，90％以上的建档立卡贫困户的主要生计之一就是养殖乌骨鸡。

景东无量山乌骨鸡，毛脚、绿耳、体大，肉质细嫩、营养价值高，备受当地消费者青睐。景东县为了做大做强乌骨鸡这篇文章，还专门成立了乌骨鸡产业发展办公室。

守着“金凤凰”，但当地村民并没有致富。尹兆正到景东的第一件事情就是通过调研，探明穷根。

每到一地，村民们都会拉着尹兆正去自家的鸡舍，看家养的“土鸡”。由于缺乏科学养鸡技术和经验，说是鸡舍，其实就是村民们在房前屋后自搭的狭小而又低矮的原始鸡窝，有的甚至还建在柴禾堆下或者羊圈里。因此每到一处，尹兆正就不得不俯下身子、趴在地上才能观察鸡只的体质和生长情况。当地有一句顺口溜，形容尹兆正的忘我工作：“一头扎进鸡窝里，一心扑在鸡身上。”

景东县副县长石凤阳表示，作为一名科技人员，尹兆正为县里带来了先进的养殖技术和理念，还展示了务实奉献的精神品质。“他是我们景东无量山乌骨鸡产业发展的导师，是精准扶贫的践行者，景东人民非常感谢他。”

近年来，浙江大学设立扶贫专项经费用于定点扶贫工作的组织与实施，每年安排校长基金支持景东产业扶贫技术的研究与开发。学校成立浙江大学“减贫与发展研究中心”，重点开展扶贫理念研究和实践探索。尹兆正和同事们凭借自己的调查研究，通过“科技引领、品牌提升、模式创新”一套组合拳，助推景东特色产业发展，从而带动精准脱贫。

调研中令他最感心痛的就是种鸡产蛋率低、苗鸡成活率低。由于缺乏系统选育，加上育雏环节采取的是土法炕道式保温方式，手伸过去抓到的苗鸡不是病恹恹的就是湿漉漉的，鸡的体质差，成活率低。“浙江一些经选育后的乌骨鸡品种，一只母鸡的正常年产蛋量可达100只以上，而景东乌骨鸡一只种鸡每年的产蛋量只有60只左右，有的甚至只能生产40来只，这无形中大大增加了景东乌骨鸡苗鸡的生产成本，当务之急便是要做好种质提纯。”尹兆正找到了推动产业化的钥匙，那就是要科学养殖，核心就是良种选育。

“千年修得同船渡，百年迎得浙大来”

科学养殖，在尹兆正来景东之前可以说是一片空白。

尹兆正心里明白，让村民摒弃原有的养殖传统，不仅要改变他们的思维方式，还要增加设施等方面的投入。于是他先从几家龙头企业开始打造景东乌骨鸡产业。他积极指导当地建设种鸡场，结合市场需要开展种鸡不同羽色整理分群，进行性能测定和持续选育工作。从规划、建设、设施改造到种鸡培育，每一件事都倾注了尹兆正的心血。渐渐地，机械、立体的笼养模式产生了，不同羽色和性能的高产种群建立了，优质、抗逆、生命力强的苗鸡供上了。目前已经建有6家大型种鸡场，每年生产优质苗鸡150多万只。

同时，尹兆正还针对企业和养殖大户进行了无量山乌骨鸡从种鸡选育、人工授精、机器孵化、育雏脱温，到商品鸡养殖及销售等的全程技术指导和服务，有效提升全县养殖技术水平和产业层次，提高了种鸡繁殖性能和鸡只饲养成活率。

文井镇清凉丙寅山毛脚乌骨鸡农民专业合作社种鸡场于2014年建成，目前存笼种鸡已达4000只。该种鸡场场长梁快就是被尹兆正从产业链下游劝来的。在这之前，梁快是远近闻名的活鸡贩运高手，每年经销的景东乌骨鸡多达20余万只。然而梁快从各方收来的景东乌骨鸡体型、长相常常是大小不一、五花八门。

于是，尹兆正鼓励他自己办一个种鸡场。这个看似“乾坤大挪移”的规划，其实有他独特的设计和思考。“我就想利用梁快熟悉养殖户和市场的优势，让他从种苗生产这一核心源头优化乌骨鸡的品牌和质量。”尹兆正说，“浙大科技专家到景东帮扶产业，要善于从源头做起，点面结合、重点推进，通过品种选育等核心技术注入及成果转化应用，抓好种鸡选育和鸡苗培育，提高优质鸡苗的覆盖度和产品质量，这样才能促使产业兴旺。”

5年多来，安定镇沙拉村景东普红园乌骨鸡养殖合作社、锦屏镇农兴乌骨鸡种鸡场等景东乌骨鸡现代规模种鸡场相继建立，其生产的优质鸡苗在市场上十分抢手。与此同时，尹兆正和团队探索建立了乌骨鸡“种鸡培育—集中育雏—生态放养”的产业扶贫新模式。2017年景东乌骨鸡出栏431万只，比浙大定点扶贫前的2012年末增长200%以上，实现产值3.4亿元。乌骨鸡产业扶贫取得了显著成效。

几年的发展，村民们把尹兆正看作浙大派来的“致富天使”“科技财神爷”。走哪儿都有村民拿出陈年佳酿要款待他。不同于刚来时当地村民因为贫困而拿不出东西招待，这些年养鸡赚钱了，村民家拿出的全是自家最好的东西。

走在景东乡间，总有人感叹："千年修得同船渡，百年迎得浙大来。"

在景东的扶贫实践中，浙江大学探索创建了"高校＋政府＋企业＋合作社＋基地＋贫困农户"的"六位一体"产业扶贫运行模式，通过内引外联、整合资源，建立开放式帮扶体系，进一步带动产业发展，帮助更多贫困户脱贫致富。"这种扶贫联合体最大的意义在于，市场和风险由企业承担，农户（贫困户）的利益得到根本性保障。"

浙江大学通过制定5年扶贫规划和年度工作计划，明确目标和任务，再分工到各部门和相关学院，责任到人，做到有计划、有考核、有总结。同时，相继出台、完善《挂职干部考核办法》《浙江大学科技扶贫项目管理办法》，建立考评机制等对扶贫工作进行监督检查，确保工作有效落实。

留下"走不掉"的首席专家

从教28年的尹兆正，指导过博士生，培养过一批研究生，但是却没有收过一个徒弟。要说第一个正式徒弟，还是2014年在景东收的。

收了徒弟，自己不在景东的时候，农户的具体技术问题可以由这些徒弟教起来、帮到位，带动一批人。尹兆正这么一想也就跨出了收徒的第一步。"做梦都没有想到会攀上浙江大学这门'高亲'。"尹兆正的徒弟、普红园乌骨鸡合作社负责人阿红军说："遇到技术难题我们都会请教尹老师，之前哪敢想象自己会与浙大专家有交集。"

与此同时，尹兆正每年至少举办两次养鸡标准化培训，还要举办现场操作培训。培训班设在哪儿？尹兆正就直接开到养鸡场，开到农贸市场里。

如何判断鸡只性成熟？怎样鉴定高产鸡？如何做个体选种？面对这些听上去非常深奥的技术难题，尹兆正伸出手指，边比画边教大家测量乌骨鸡腹部的耻骨间距。“这项选种技术其实很简单，也非常实用，当地农民却不了解。”尹兆正教的都是简单易学，但又非常重要的技术内容。

他还与景东县农业农村和科学技术局一道，写了一本《景东无量山乌骨鸡养殖综合技术规范》，当地村民可以照着规范饲养乌骨鸡。“提高科学养殖水平，不怕教会徒弟、饿死师父，大学总要有一些特殊的担当，科技人员总要做一些别人不愿干的事，扶贫工作尤其如此。”尹兆正说。

扶贫这个培育乡土人才的场所，尹兆正把它用在自己的研究生指导上。有一部分研究生以景东乌骨鸡为研究对象，筛选并鉴定其生长、繁殖等关键基因用于辅助育种工作。尹兆正说要给学生们创造亲近土地、直面产业的机会，“对农村有了解，对产业有接触，才能找到好的课题，取得好的成果”。

在浙江大学，有一批像尹兆正这样的科技特派员涌向精准脱贫产业一线。他们根据自身的学科优势，结合景东当地的资源和产业基础，选择重点，帮助景东原有的食用菌、茶叶等特色产业做大做强。他们正以实际行为，生动诠释着将论文写在祖国大地上的力量。

翻看他们的工作履历，不难发现其所在学科、学院也融入了这一系统工程，形成“一人下乡，全员支持，全校关心”的格局。浙江大学根据公益性社会服务工作的特点，改革职称评定，实行“推广研究员”制度，并将科技特派员工作纳入考核和评聘，使他们有更多的精力从事农业技术的推广与应用。

（文：柯溢能）

张勇：拍下最真实的非洲

“坦赞铁路的现状是什么样的?”“中国与非洲的民间交往开展得如何?”“青年一代如何看待跨文化议题?”……

浙江大学传媒与国际文化学院研究员张勇，通过纪录片作品来给出自己的答案。他既是一名导演、一名教师，也是非洲影视文化研究的学者。

他的影像以双向视角、人文关怀，讲述了在我国共建“一带一路”倡议下，“小人物”与大时代的真实故事，致力于打破各种偏见与刻板印象，搭建中非深度互知的友好桥梁。

纪录片要反映真实，搭建起沟通和理解的桥梁

“我家门前有一条铁路，汽笛声是我童年的节奏……”由坦桑尼亚音乐人作曲并演唱的这首歌，是张勇导演纪录片《重走坦赞铁路》的主题曲。

坦赞铁路是迄今为止中国十分瞩目的援外成套项目之一，也是中非友谊最有力的见证。正如他的影片中依旧车水马龙、运行如常的坦赞铁路一样，张勇认为，纪录片要通过真实的素材，以记录的形态给观

众展现更为客观的方面。

如果说《重走坦赞铁路》只是对当年援外工程及沿线的回访，那么《我到非洲去》可以说是绘制了一张更加全面和丰富的“中非文化地理导图”。为了完成5集纪录片的拍摄，张勇团队跨越了12个非洲国家，记录了15名普通人的中非故事：援非医疗队护士女承父业重走父亲当年路，新“非漂”坚守物流行业见证安哥拉的城市与行业变迁，“基建狂魔”白手起家实现中资公司本土化运营……

张勇说，自己是“没去非洲怕非洲，去了非洲爱非洲，离开非洲想非洲”。亲身站在非洲土地之前，他想象里的非洲或许与不少人一样，有很多刻板印象，因而“没去非洲之前，虽然有一些浪漫想象，比如走进原始森林、探险草原等，但也对非洲抱有强烈的畏惧情绪”。

不过，正是因为有这样的切身体会，他意识到非洲还是一片尚未被关注的大陆，甚至是“一片相对被污名化、被影像叙事刻板化的大陆”。在北京电影学院攻读博士学位期间，张勇对非洲的兴趣一发不可收拾：非洲电影在哪里？非洲本土电影的风格和特点又是什么？带着这些疑问，他迈出了走向非洲的第一步。

在美国西雅图大学任访问学者时，得益于尼日利亚裔教授的介绍，张勇接触到不少诺莱坞电影及非洲艺术电影，研究兴趣日益浓厚；其间他更独自前往南非，协助当地导演拍摄纪录片，担任副导演和助手。

初到非洲，张勇吃了不少苦，吃不惯食物、被晒得很黑——“肤色和非洲人没多大区别”。但也正是这些特别的生命体验，大大拉近了他与非洲的距离。非洲的山川大地、风土人情，不断激发着他的创作灵感：“我很爱惜这样的生命体验，第一次别开生面的非洲之旅，让我之后有了一次次去非洲的动力。”

有一次，张勇和尼日利亚朋友谈论起“索马里”，后者脱口而出“海盗”一词，这让张勇震惊许久，因为“一个非洲人对索马里的认知竟与中国人如此相似”。张勇还从一位负责国际留学生事务的老师口中得知，非洲人之间竟然也存在“地域歧视”……

经过几年的实地调研，张勇看到了非洲更多的现实，也发现了人们认知上的巨大鸿沟：“绝大多数中国人，甚至绝大多数没有去过非洲的人都认为，非洲国家都是同一种模式，但其实非洲真实的人文环境更加复杂。”

非洲到底是什么样的？如何推动国人乃至世界对它有正确的认知？在试图回答这些问题的过程中，张勇渐渐意识到，论文的力量是有限的，国际传播不能仅仅停留在学术层面。而影视这种载体所呈现的极强的实践性、应用性，可以为他试图搭建中非互知的桥梁提供广阔的选择空间。

张勇决定以更原汁原味、更接近真实的纪录片来展现中非交往，“所以就开始想是否可以通过创作纪录片的方式，搭建起一座沟通和理解的桥梁，让更多中国人了解非洲，也让更多非洲人了解中国”——

《波比的工厂》记录了尼日利亚商人波比与中国青年合作交流的真实图景。透过波比工厂的故事，观众能看到普通民众和旅华外国人在这场时代变革中的经历，了解中非人民深层交往中最真实的样貌。影片已被中国国家图书馆、耶鲁大学等国内外著名机构永久收藏。

《90后的中非情缘》采取“中—非”对话叙事模式，以90后青年视角讲述中非交流故事，目前已译制成英语、法语、阿拉伯语、斯瓦希里语、豪萨语、匈牙利语、意大利语等多个版本，在中央广播电视总台CGTN阿语频道、纪录频道和海外多个主流媒体落地播出，成为向世界介绍中非青年交流合作的“文化名片”。

从优秀导演到青年教师，他和学生一起走“丝路”、看世界

如果你留意《我到非洲去》《90后的中非情缘》等作品的片尾摄制组名单，或许就会发现多位浙大传媒与国际文化学院学生的名字。

“在高校环境里，我们更专注于研究和教学，但有时候会落后于行业的蓬勃发展，甚至与社会的现实需求有点脱节。”谈到师生交流时张勇认为，“学生们或许在技术上还不够娴熟，但他们在思维上会比我更了解年轻人这个群体，年轻人的这种叙事方式能使我们的内容与时代不脱轨。”

通过纪录片，张勇试图搭建起中非民间交流的桥梁。在他看来，纪录片应当从多维度展现变化的全球：“我拍摄中非题材的纪录片，要坚持双向视角、融合互通的理念。有时我会把来自非洲的留学生请到办公室，请他们看一看，一部片子哪里拍得好、哪里还能再改进，我希望一部纪录片里会有不同的视角、多样的解读。”

在实际创作中，他不仅借鉴了同学们对相关话题的理解方式，也邀请学生参与自己纪录片的摄制环节。当然，学生也有自主寻找选题、独立创作作品的机会。张勇在开设的《电视节目编辑与制作》等课程中，也会指导学生围绕“一带一路”“喜迎亚运”“活力浙江”等主题开展纪录片创作，由此出现了一批优秀的学生作品。

张勇还承接了国家广播电视总局委托项目“中非视听交流作品展”。他带领学生团队一起，在清华大学、北京大学等10所国内高校以及尼日利亚拉各斯大学、乌干达麦克雷雷大学等10所海外高校举办巡展交流——在这群师生的努力下，中非影像在海内外广泛传播。

张勇说，他觉得自己“遇到了许多志同道合的学生伙伴”。作为一名高校教师，在与学生的朝夕相处中，双方渐渐形成了“教学相长”的

良性互动。他也十分乐意与学生们一起工作，为他们提供实践机会，传授更多课堂内外的知识。

2023 年正值“一带一路”倡议提出 10 周年，张勇带领学生团队前往阿联酋，开展“致远”海外暑期社会实践。在这次实践中大家创作出了三集纪录片《我到丝路去》。纪录片分别以“走进阿联酋”“中阿经贸合作”“丝路文化交流”为题，讲述了“一带一路”共建中的真实故事。目前影片已由国家广播电视总局和也门国家电视台等平台完成签约，即将播出。

“我们的实践课题，传播共建‘一带一路’倡议的中国声音，其实是一个宏大的命题。”2022 级硕士研究生包庆龄说，“但是拍摄中那些真情实感、又有深厚韵味的故事，才是我们应该努力挖掘和讲述的。这也正是张勇老师一直努力在做的事情。”

（文：欧阳雨轩 雷思涵 张可树 尹凌琳）

第四章

创造新优势

谭建荣：打造“工作母机”助力“中国智造”

数控机床被称作“工作母机”，是制造业的重中之重，事关国家经济命脉。龙门加工中心属于数控机床中的“巨无霸”，主要为加工大零件而设计制造。“虽是庞然大物，干的却是精细活”，高性能龙门加工中心作为大中型高精度复杂零件制造的数控机床，更是国家战略层面的基础制造装备，在航空航天、高铁船舶、核电设施等领域有着重要应用。

浙江大学机械工程学院谭建荣院士团队，联合清华大学、宁波海天精工股份有限公司等开展产学研合作，十年磨一剑，致力于高性能龙门加工中心设计技术、工艺技术等研究。团队攻克了整机正向设计

难、加工精度提升难、机床性能保持难行业公认三大难题，打破国外技术壁垒和市场垄断，研发了龙门加工中心设计制造工具平台，实现了龙门加工中心三大性能突破并开发了系列产品。

“正向设计”显身手

我国已跻身数控机床全球第一大产销国，然而“低端过剩、中端受压、高端不足”的状况仍未得到根本扭转，与国外先进水平之间仍存在差距。如何攻克难关，走出一条中国特色的自主设计之路，是始终萦绕在谭建荣院士及团队每个成员心头的问题。

在相当长的一段时间里，我国数控机床领域创新能力不足，采用的是“执果索因”的逆向设计，由实物反推设计、反推图纸、反推需求。然而，尽管低端产品模仿了高端产品的外观、结构形制和尺寸等，却始终“形似而神不似”，在性能上逊色不少。究其原因在于低端产品在设计过程中“知其然而不知其所以然”。

“高档数控机床由许多功能部件组成，设计过程中各个环节合理与否会直接影响到产品的性能。高性能龙门加工中心整机布局方案又是设计中最初始的一步，只有布局正确，后续的设计才会符合工艺需求、符合顾客的需要。”为此，项目团队采用正向设计理念，发明了高性能龙门加工中心整机动载荷自适应耦合提质设计技术，也即通过构建整机布局方案骨架型谱，实现整机配置设计优化，通过整机动静态性能的耦合提质，揭示“龙门加工中心功能—运动分配—布局模块”的关联映射规律，最终实现龙门加工中心整机综合质量的优化提升。

“任何一项研究都不是一帆风顺的，比如为了尽可能多地获取机床骨架模型，构建骨架型谱，我们调研了很多企业，进行了长时间的分析、综合，克服了许多意想不到的困难。”团队负责人谭建荣院士回忆起当时的情景感慨道。也正是团队成员们百折不挠、精益求精的付出，开启了高性能龙门加工中心整机设计与制造工艺的“逆袭之路”。

“智能制造”唱主角

“长行程精度失衡”是摆在团队面前的又一现实难题。

传统事前设计和事后装配调节无法有效控制制造精度，那么该如何提高整机精度的均衡性？“长行程龙门加工中心全尺寸链的高精度互反馈均衡设计技术”由此应运而生。

“整机—部件—零件—结构”的精度正向递推分配和“结构—零件—部件—整机”的精度误差逆向修正相辅相成，团队提出了自顶向下和自底向上的几何误差双向互反馈修正方法，实现了精度均衡性能的突破。运用此创新点研发的高架桥式五轴高速铣削中心，整机几何精度达到发达国家同类产品Ⅰ级标准。

为了让“智能制造”由梦想变成现实，团队攻坚克难的脚步从未停下。

“数控机床领域，一个很突出的问题就是在低速重载情况下，机床容易出现爬行现象。”何谓爬行现象？简言之就是机床进给系统的运动部件，当其运行速度低到一定值时，不是连续匀速运动，而是时走时停、忽快忽慢。这会对加工精度和工件表面质量产生非常不利的影响。

“我们要找出爬行的临界点、爬行存在的条件，将其排除掉、避免掉，从而使得机床克服爬行，得以正确运行。”谭建荣院士说道。通过一次次的尝试、失败、再尝试，团队发明了高可靠龙门加工中心运动部件大惯量的低速补偿进给工艺技术，成功解决了大惯量运动部件低速失稳的难题。而利用该发明点研发的重型双柱精密数控立式车床工作台在平台跳动、加工工件表面粗糙度等技术指标上都取得了大幅度的提升。

“中国创造”迈开步

将理论研究与实际应用有机结合，实现重大技术突破，跻身国际先进行列，创造重大社会经济效益，“高性能龙门加工中心整机设计与制造工艺关键技术及应用”项目是我国制造装备创新设计的一个成功典范。

项目形成了围绕高性能龙门加工中心整机设计与制造工艺的专利群：主要技术获国家发明专利 61 项、软件著作权 12 项；团队成员发表学术论文 131 篇，制定龙门加工中心设计标准和规范 7 项；项目成果在企业进行应用验证，并取得了良好的效果，经济效益显著。

对于该项目，制造领域的许多著名专家也给予了高度评价，认为项目创新性强，在龙门加工中心整机自适应布局设计、主机精度均衡分配设计、大惯量运动部件低速进给工艺等技术方面达到国际领先水平。

“创新设计引领中国创造。”从事机床相关工作 50 载的谭建荣院士，怀揣着这一梦想，几十年如一日，在科研道路上孜孜以求。

“未来，我们将进一步思考如何将龙门加工中心的创新设计经验推广至整个机床行业，创立具有自主知识产权的中国机床品牌，驱动我国制造业向更高质量发展。”谭建荣院士说道，“我们要为‘中国制造向中国创造转变、中国速度向中国质量转变、中国产品向中国品牌转变’努力贡献浙江大学的力量。”

（文：金云云/图：卢绍庆）

郑津洋：有担当、有风范、有情怀

数十年来，中国工程院院士、浙江大学能源工程学院教授郑津洋坚持面向国家重大需求，将论文写在祖国大地上；他以身垂范、因材施教，为学生成长成才保驾护航；他不忘初心、勇担使命，矢志推动学科和行业向纵深、向前发展。

一位有担当的学者

在国家科学技术奖励大会上，郑津洋领衔的“氢气规模化提纯与高压储存装备关键技术及工程应用”项目获得2020年度国家科学技术进步奖二等奖。从2002年开始，团队紧盯高压氢脆防控、氢气高效储存和规模化提纯三大世界难题，开展科研攻关，将我国大容量高压氢气储存装备技术和大型高压氢气提纯装备技术提升至国际领先水平。

据了解，该成果已用于我国氢能高压储运全领域，使我国成为少数几个具有储氢高压容器自主研发能力的国家，储氢压力从35MPa跃升至国际先进的98MPa。批量生产的系列设备在加氢站建设、自主品牌氢燃料电池汽车、日本丰田公司在华首座加氢站建设等工程中发挥关键作用。2019年，郑津洋当选国际标准化组织氢技术委员会副主席，担任美国能源部氢能项目年度会评专家，成为联合国和美国、加拿大规范标准编制专家。

多年来，郑津洋致力于高压容器和管道的研究。除了储氢高压容器领域，郑津洋在深冷压力容器、柔性高压复合管方面也开展了持续钻研，而每一项研究都从理论、技术、标准、检测到产品研发和应用取得了系统性创新成果。

比如，深冷压力容器是深冷液体储运不可或缺的关键设备，我国产销量居全球第一。随着液化天然气(－162℃)等深冷液体储运量的快速增加，市场对高性能深冷压力容器的需求也十分迫切，但其性能与温度强相关，调控困难。基于这样的现实需求，郑津洋带领团队攻克基于深冷强化的深冷压力容器设计、制造关键技术，主持研发系列轻量化真空绝热深冷储运容器，并实现产业化。项目获得2017年国家科技进步奖二等奖和中国专利优秀奖。

再如，针对我国地震等自然灾害多发，油、气、水长距离输送急需大直径柔性高压管的困境，郑津洋带领团队创建了钢丝缠绕增强塑料柔性复合管(PSP)设计理论，发明了焊接接头界面弱连接缺陷无损检测方法，主持研制了系列高压力、大直径 PSP 产品，研究成果被成功应用于南水北调等国家工程。“几十年的时间里，我一门心思地做了几项研究。但是每项研究，我都力求做深做实做细，务必‘落地’，以真正推动产业的迭代升级和整个行业的健康成长。”对于“落地”，郑津洋对自己有 3 个严格的标准：研发高端产品、制定行业标准、解决关键技术难题。数十载间，以“四个面向”为科研出发点，郑津洋将服务国家需要作为聚焦方向，不断向研究领域的广度和深度进军，主持研制的三大类系列产品，均实现产业化批量生产，关键技术指标创国际新高，产品被广泛应用于能源、化工等领域，持续获得显著的社会和经济效益。

一位有风范的老师

从教以来，郑津洋培养了 42 名博士、85 名硕士。提到学生，最先从郑津洋嘴里蹦出来的词儿是“感谢”。他说，首先得感谢学生选择了我们这个团队，并通过自身努力为团队发展做出贡献。

在教书育人的过程中，他主张实现“三赢”：学生要赢、老师要赢、学科要赢。而这三者中，学生的发展又是必须放在首位的。

回顾自己的科研生涯，郑津洋总结了两点“研究智慧”：一是“坚持问题导向”，二是“磨砺坚毅品格”。在人才培养的过程中，他也总是有意识地把自己的经验传给学生们。

郑津洋要求学生们，个人能力有大小、问题选择有难易，但是每个人都要盯准一个具体的问题开展研究，看它是否解决了一个实实在在的问题，是否让研究切切实实“落地”了。

在明确了培养目标后，郑津洋会着重做好三项工作：最初，在分解团队研究内容的基础上，帮助学生寻找一个有研究价值的问题；之后，给予他们独立研究的空间，并在学生遇到困难的时候提供关键帮助；

最后，严把出口关，让每个学生切实有所成长，提升他们的未来竞争力。

落到实处，郑津洋还特别强调“因材施教”的重要性，即要根据每个学生的特点来进行个性化培养，帮助他们更好地发挥优势、创造价值，从而通过提高自信心和成就感来进一步提升学生的科研兴趣。

每年新生见面，郑津洋都会“叮嘱”三句话：阳光心态、强健体魄；志存高远、脚踏实地；全面发展，形成特色。他特别强调沟通的重要性，除了日常的团队例会、小组会议等面对面交流的机会外，他也早已习惯了和大家进行频繁的线上沟通，乘火车、搭飞机的间隙给学生们打个电话是常规操作，24 小时内回复消息是师生默契。他还特别支持大家一起锻炼身体，“不仅能增强身体素质，还能进一步提升团队的凝聚力、战斗力和创造力”。

几十年持续钻研，并非易事。大多数情况下，“幸运”的完整表达是“功夫不负有心人”。郑津洋勉励学生们：作为这一代的青年学子，更要耐得住寂寞、坚持自我。在找到适合自己发展方向的基础上，用“咬定青山不放松”的精神坚持积累，这样就一定会成为一个领域的专家。而郑津洋一直在做的，就是在学生们最需要帮助的年纪，给予具体实际的关怀和支持，为他们心无旁骛地开展科研提供一臂之力。

一位有情怀的浙大人

作为土生土长的浙大人，郑津洋说：“我对浙大，有着‘不一般’的情感。”

1983 年 9 月，郑津洋踏进求是园，在化学工程系完成了从本科到博士的学业。10 年后的 1992 年 8 月，他留校任教，成为浙江大学化工机械研究所的一名青年教师，开启了与浙大的另一段缘分。

当时，面对其他选择，他义无反顾选择留在浙大。谈到原因，郑津洋说："一方面，能够进到这样一个有历史、有沉淀、有爱的学校和专业，我一直觉得自己特别幸运；另一方面，在我求学最无助的时候，是学院的老师同学们帮我渡过难关，那我也想为浙大做点事情！"

郑津洋认为，化工机械专业的优秀传统始终在滋养和助推着他的成长。比如，我国化工机械学科的开拓者王仁东老先生，治学中就非常强调"理论联系实际"，提倡从实践中提出研究问题，有了研究成果后再回到实践。以问题为导向，科研要解决实际问题的传统，深深影响了郑津洋。再如，导师朱国辉先生总是带着学生思考：这个领域目前还有什么短板？未来应该是怎样的图景？我们要怎么铺设通往未来的道路？这种做学术的思路和方法，在郑津洋的心里烙下了深刻的印记。"方向比勤奋更重要，做科研必须站得高、看得远、想得深。"作为团队带头人，郑津洋总是跟成员们探讨一个问题：未来 5 年、未来 10 年、未来 20 年，我们需要做什么？我们可以做些什么？在不断思考如何进一步深化现有研究，培育新的学科增长点的过程中，他们的路也越走越宽、越走越坚实。"我非常感恩浙大、感恩学科、感恩这个时代，让我有机会静下心来做学术研究。作为一名教授，最大的价值也就是为这个学科、为这个行业做出贡献。老师辈已经做得这么优秀了，我们应该做什么？可以做什么？我想，唯有努力工作，更加努力工作，才能继续推动这个学科、行业向前走，才不负所托。"郑津洋每每想到老师们，一份深厚的自豪感和责任感总是油然而生。

中国工程院院士这个新的头衔意味着什么？对于郑津洋来说，更多的是一份使命感。这位对浙大、对学科满怀深情的新晋院士，引用了苏义脑院士送给他的九字箴言来表述自己心里那个"具有挑战性的梦想"——"搭舞台""唱大戏""写剧本"。"希望在国家级研究平台建设、重大科研项目承担、学科整体发展谋划等方面发挥更大的作用，做出更大的贡献。”这位始终从国家重大需求出发、服务经济社会发展的新科院士，言语中充满激情和斗志。

（文：马宇丹）

包刚：用数学破解有重大意义的科学难题

如何利用波场勘探石油、天然气？如何利用观测到的信号确定飞行器的特征？如何利用医学成像寻找病灶？

面向深海、深地、深空的探测科学，背后都离不开数学物理反问题研究。这也是新晋中国科学院院士、浙江大学数学科学学院教授包刚一直以来的研究方向。

应用数学不仅"有趣"还"有用"

什么是包刚长期从事的数学物理反问题研究？

数学物理反问题是根据物理规律演化的结果，从可观测的现象中探求事物的内部规律或所受的外部影响，并阐释其中的科学奥秘。其中，波动方程反问题主要通过研究系统外部观测的波场来确定介质内部结构与特征，是该领域的核心难题之一，极具挑战性。

包刚曾用"盲人听鼓"来形象地解释。在看不见的情况下，通过听鼓声判断鼓面的形状，这就是一个经典的反问题。

在几十年的研究中，包刚发展了一般情形下波动方程反问题的整体稳定性理论，提出了求解麦克斯韦方程反散射问题的多频稳定算法，系统地建立了衍射光栅问题的数学理论。以独立完成人的身份获得国家自然科学奖二等奖，揭开了相关探测技术中的数学奥秘。

为何选择应用数学作为科研追求？

包刚希望能用数学来破解有重大意义的科学难题。他当时所在的学校位于休斯敦，当地以石油勘探为支柱产业，如何更好地为探测资源服务，成为他的研究方向。

选择应用数学，包刚认为除了有趣，更是因为要有用。

“我的所学能够运用到现实社会中，直面科学问题的核心。”包刚的博士论文主要研究波动方程解的奇性传播理论，这是资源勘探的数学理论基础，也是一个非常困难的数学问题。

数学被誉为自然科学的皇冠，是其他科学研究的理论基础。包刚常说，做好基础研究要瞄准国家重大战略需求，沉下心来潜心科研。“应用数学研究的是能解决问题的数学理论和方法，许多“卡脖子”问题正是卡在基础研究上，所以我们的研究工作要为解决重大的问题打下坚实的基础。”

一代人有一代人的使命

为什么说2009年是包刚科研事业的一个重要分水岭？

翻开包刚的履历，我们发现他曾在国外生活长达24年。但这并非包刚一开始就给自己设定的规划。1986年正在攻读硕士的包刚，因为偶然的机会被推荐到美国深造。“当时并没有准备，可以说十分仓促地就去了。我感到人生不是可以规划的。”

回看22岁的青年包刚，从来也没有考过托福、美国研究生考试(GRE)，赴美留学确实不是他的人生选项。

但经过长期的努力，他成为数学物理反问题研究的国际领军人物之一,35 岁就成为美国密歇根州立大学的正教授,2006 年创建密歇根工业与应用数学中心并担任主任。

那时候成果产出多、经费申请多、学生培养多,各方面发展都非常好。但是,包刚却认为这样的生活有些缺乏挑战性。

变化出现在 2009 年,那一年他应邀参加浙江大学海外招聘,回到了祖国。"那个时候我常在想人生奋斗的目标是什么,我也越发觉得是时候回来报效国家了。"

历史上的浙大陈苏学派,至今仍为人敬仰。对标前进的"高山",包刚回国后的节奏仿佛开启了"快进键"。

他带领团队在被称为数学四大顶刊之一的"*Journal of The American Mathematical Society*"上发表论文,成功申报国家自然科学基金委创新研究群体项目,在素有数学界"奥林匹克"之称的国际数学家大会上受邀作 45 分钟报告……包刚用自己的实际行动,带领着浙大数学学科的发展。

"每一代人都有属于自己的责任与使命,我们都在不断努力。"包刚说。

"我还是我"

"成为院士后,我反而要更加清晰地认识自己,踏踏实实工作,潜心科研,带领团队在科研上保持在世界前沿水平。"

包刚表示要把人才培养摆在自己工作的更加重要的位置,奖掖后学,给更多的年轻人创造机会,帮助他们成长。

回国以来,包刚将大量精力投入人才引进和培养,在担任浙江大学数学科学学院院长十余年间,引进了大批海内外优秀的青年学术骨干。他还特别重视人才培养,担任浙江大学研究生院院长、浙江大学

(浙江)工程师学院院长,将育人作为自己的主职主业。

大家常问他,什么样的学科是世界一流的?

包刚始终将个人的发展与学科的发展、民族的复兴紧密相连。他认为建设一流的学科,就是要培养一流的学生,汇聚一流的学者,要培养比自己还要厉害的学生。"人才培养的过程,不是简单地复制导师,而是要青出于蓝而胜于蓝。"

"数学是基础,给人以智慧,给人以思辨。"包刚说,不是每一个学生毕业后都要从事数学研究,而是应该用数学的思维去解决国民经济发展中的各种难题。

"做科研的人,一定要有一颗快乐的心!"在几十年的人才培养过程中,包刚也有许多育人体会。"我经常鼓励学生既要提升科研本领,又要培养兴趣爱好,对生活保持乐观和好奇,当你思考一个问题的时候,或许能找到解开另一个难题的钥匙。"

(文:柯溢能)

浙大援疆医疗队：从西子湖畔来到天山

“作为援疆医生，我们常常思考：来新疆是为什么，在新疆要干什么，离开新疆能留下什么？”这是陈大进等来自浙江大学的援疆医生共同思考的问题。

2021年7月，浙江大学医学院附属第一医院肾脏病中心医师陈大进，担任中组部浙江省第十批（第二期）“组团式”援疆医疗队领队，并任新疆生产建设兵团第一师医院党委副书记、院长。

青山一道同云雨，明月何曾是两乡。

浙江省对口支援新疆阿克苏地区和兵团第一师阿拉尔市。自2016年以来，浙江大学共选派6批次80人次，从杭州西子湖畔奔赴4000多公里外的塔克拉玛干沙漠边缘，对第一师医院的21个学科持续定向帮扶。

通过导师带徒、以院包科、巡回义诊、深度参与医联体建设等机制，浙大援疆医疗队不仅推动了第一师医院学科建设，更辐射带动了受援区域基层医院的医疗水平，起到了向当地百姓健康“输血”、为边疆医疗“造血”的作用。

攻克疑难杂症 填补医疗空缺

2023 年 8 月，第一师医院一间手术室中，泌尿外科主任马大东给病人腹部钻取小孔，将微创手术刀伸入，切除癌变的肾脏；一旁的助手谢江涛调整腹腔内窥镜位置，让内脏器官清晰地呈现在屏幕上；援疆医生胡政麾紧盯着屏幕，把控风险，确保手术准确，防止大出血……通力协作之下，团队顺利完成了一体位腹腔镜下肾盂癌根治术。

“之前做了最坏的打算，没想到术后第二天就下床走路了，现在感觉良好。”72 岁的患者高女士说。她有糖尿病、高血压等既往病史，有子宫切开术等既往手术史，入院前血尿持续发生。

胡政麾是浙大一院的医师，2023 年 5 月来到阿克苏地区，进行为期一年半的援疆。他说：“治疗该患者需切除单侧肾脏和输尿管、部分膀胱，尽管传统开放式手术能带来更好的视野，但采取一体位微创手术，精确度高、伤口小、出血量低，不用来回移动这名老年患者，更加安全。”

“在一批批浙江援疆医生的指导下，我通过观摩学习，现在也能主刀了。”马大东说。他和年轻医生谢江涛都真切地感受到，援疆专家带来了思想的碰撞。在常态化的病例讨论、临床带教下，团队学习到了更前沿的手术方式。

在浙大援疆医疗队看来，随着三级医疗服务体系建设的推进，第一师医院作为大型综合医院，一项重要任务便是提升对疑难杂症的诊疗能力，让患者能够享受到优质且便利的医疗服务。生殖医学、新生儿科、急诊外科实现了从无到有的突破，重点专科数量不断增加，其中 6 个专科成为兵团级重点专科。

按照第一师医院学科建设的需求，浙大医学院附属医院结合自身专业特色，选派最合适的医生到最需要支援的科室去。“以院包科”是浙大“组团式”医疗援疆的显著特征，通过医院间有组织的协调和密切配合，力争“按需分配”。

推进兵团南疆生殖医学中心建设，是第一师医院交给胡小玲医生的一项主要的、系统性的任务。这位浙大医学院附属妇产科医院的援疆医师说，受环境、生活方式、生育观念改变等因素的影响，不孕不育发病率呈上升趋势；第一师医院生殖医学中心的成立，将填补兵团南疆区域在人工授精等辅助生殖技术方面的空白，有助于不孕不育患者的专科诊疗。

建设该中心是一项长期性工作。中心需经所在地各级卫生部门评审后方能运行，人员、场所、设备、技术、管理等均需达到一定标准。胡小玲表示，该中心 9 位本地医护人员先后前往浙大妇院进修，接受临床、实验室、护理等方面的培训，并获得了辅助生殖技术相关资格证书。

创新优化制度 打造医疗高地

96 岁的陈老太，2023 年 3 月开始走路困难，左腿越来越软，后就医被确诊为椎间盘突出，但治疗效果欠佳。了解到浙大援疆医生在第一师医院坐诊后，她于 7 月前来求医。入院后，援疆医生赵明飞对她进行了详尽的检查，结合患者约 20 年前和 10 年前有两次椎管肿瘤切除手术的经历，确定了她的病症。

“近百岁的老人，体质较弱且有巨大的甲状腺瘤，手术难度大。在手术过程中，插气管、术后的伤口感染等都有可能带来风险。”赵明飞说，“但若不治，她有可能会瘫痪。”在得知手术有各种潜在风险后，陈老太与家人们仍积极要求手术治疗。

“救死扶伤是医生的天职，我们不会因为风险大而退缩。”赵明飞说。

为手术及术后康复保驾护航，赵明飞做了几件事。他第一时间联系了浙大医学院附属第二医院神经外科，同该医院最专业的脊柱脊髓团队详细讨论了患者的病情、手术治疗方案。此外，他完善患者心肺功能评估，又组织第一师医院神经外科、麻醉科、心血管病科、呼吸与危重症医学科、重症医学科等相关科室专家开展多学科诊疗（MDT），制订了详细的预案。

“我的左脚又可以抬得很高了。”术后5天，陈老太已可以下床行走。

“来新疆开展工作有底气，因为我们不是‘一个人’，我们后方有更大的团队。”不少援疆的浙大医生都有此共识，前方的他们熟悉情况，而后方的医院科室则能在细分领域给予关键性的指导。

面向人民生命健康，浙大援疆医疗队是这么思考的，更是这么做的。

打开浙大医学院附属第一医院肾脏病中心医师、中组部浙江省第十批（第二期）“组团式”援疆医疗队领队陈大进的工作本，写满了一条条帮助第一师医院高水平发展的路子。

援疆两年多来，他带领团队对78项制度进行修订完善，对23项工作流程进行简化，不断开展了以数据指标为导向的现代医院管理制度和管理模式。在兵团相关部门的支持下，陈大进还带领团队积极推进第一师医院信息系统整体改造升级工作，完成了一体化远程影像中心、超声医学诊断中心及远程心电网络建设，便利患者远程就医，依托信息化打通服务“最后一公里”。

“陈院长深入科室一线走访调研，不但每周进行行政大查房，系统梳理、优化工作流程，解决科室存在的困难，还支持援疆团队购买设备，开展医疗新技术研究。”第一师医院口腔科医师朱嘉珺说。2023年，她完成了为期一年半的援疆工作后回到浙江，但依然关注医院的发展和需要，她的援疆工作未曾结束……

辐射带动基层 惠及各族群众

“环境越艰苦、工作越复杂，就越需要有人做。”陈大进说。除了努力将第一师医院打造为兵团南疆区域医疗高地，他带领浙大专家团队参与并引领由浙江省援疆指挥部牵头组建的浙江省医疗援疆专科联盟，以辐射提升基层医疗卫生服务能力，惠及各族人民群众。

专科联盟发挥着“探头”作用。2021年在沙雅县开展的一次专科联盟义诊活动中，浙江援疆专家为当时年仅4岁的小古丽（化名）看了病。当时她呕血、拉黑便，被确诊患有门静脉海绵样病变、门静脉高压等疾病。相比基层医院，大医院治疗此类疑难杂症更有经验和把握，但也会产生更高的费用，因家庭贫困，妈妈对为小古丽治病感到心有余而力不足。

“不停地出血和呕血，又没钱输血，小古丽恐怕坚持不了多久，生命就会被耗尽。”时任第一师医院儿科援疆医师的徐丹万分着急。徐丹边筹措手术资金，边联系相关专家。2022年3月，浙大医学院附属儿童医院副院长、普外科主任医师高志刚为小古丽做了手术。康复后，她重返幼儿园。

除了为各族群众义诊、送药、建立健康档案，专科联盟推动了各级医院联合开展学术讲座、教学查房，开展常态化远程病理讨论等。

浙大二院援疆专家、兵团第一师医院急诊科医师易建华介绍，市、县、乡各级医院参与专科联盟的目的之一，便是让偏远地区群众享受到优质医疗服务。“急诊室是医护同时间赛跑、抢救生命的阵地，通过有组织的专科联盟，三级医院的医生能通过远程会诊、电话沟通实时对基层医院的抢救工作进行指导。遇到基层医院解决不了的问题，转诊渠道也会更加精准、顺畅。”

作为急危重症专科联盟成员之一，温宿县人民医院急诊科主任杨晓龙对此表示赞同。“以严重的突发心梗为例，转运前，我们先给病人溶栓，接下来告知相关专科联盟专家病情，后提供检测报告。这样病人在入院前，联盟专家就能初步明确病情，同时准备治疗方案，既节省了时间，也提高了危重病人的救治率。”

杨晓龙认为，通过专科联盟内部的日常视频、面对面交流，医院处理肝脾破裂等创伤的水平也得到了提升。“一般的病在家门口看，疑难杂症到大医院看，既方便患者就诊，也给陪护家属带来了便利。”

握指成拳，合力致远。自专科联盟成立以来，阿克苏地区和兵团第一师各级医院广泛参与其中，21 个专科的本地和援疆医生成为该联盟的成员，3 万余人次受益于健康科普宣教，联盟专家现场手术带教 300 余次，合作也辐射到喀什地区、第三师、第十四师等地……医务人员的诊疗能力得到提升，群众的医疗卫生意识得到提高。

带出医疗队伍 结下科研硕果

人眼球的直径不到 25 毫米，视网膜位于球壁上，厚度仅 0.4 毫米。而吹弹可破的视网膜上有 10 层结构，还分布着大量神经组织。玻璃体位于球腔内，约占眼球体积的五分之四，起到支撑、减震等作用。玻璃体视网膜手术，便是运用显微镜，在眼球狭小的空间中完成复杂的显微操作。

“螺蛳壳里做道场”“针尖上跳芭蕾舞”，丝毫马虎不得，浙大一院援疆专家、兵团第一师医院眼科医师唐旭园如此描述这类高难度的眼科显微手术——玻璃体切割手术。她说组织选派她来援疆，主要是为了加强此类眼底疾病的治疗。

2021 年 7 月唐旭园援疆前，第一师医院白内障、青光眼等眼前段的手术水平已比较成熟，也引进了玻璃体切割手术的相关仪器，但缺少可以独立开展该手术的人才。进疆后，她添置各类辅助设备和耗材，系统地培训、带教医生，为第一师医院眼科建立了一套规范化的玻璃体视网膜手术流程。

“通过唐老师的‘传帮带’，我已经能熟练诊治各类玻璃体视网膜疾病。”第一师医院眼科医师李娟如此评价她的师父唐旭园。唐旭园的另一位徒弟吴泽勇本身就有相对娴熟的显微手术基础，在“导师带徒”机制下，已能独立开展常规的玻璃体切割手术。

一年半的援疆工作结束后，唐旭园选择留下来再干一期。“玻璃体切割手术的学习曲线很长，徒弟要能独立开展各类复杂的玻璃体切割手术，应对各种各样的并发症，还需更多的时间和实践。”唐旭园坚信通过“传帮带”持续发展眼底病亚专业，第一师医院能为更多患者送去光明，本地医生也能不断积累临床经验，更多患者不用再长途奔波、辗转各地求医。

2020 年末，第一师医院选派口腔科吴沛沛医师前往浙江大学医学院附属口腔医院进修一年。当时她的带教老师朱嘉珺医师从吴沛沛身上看到了阿克苏地区年轻医生勤奋的精神面貌，也了解到当地非常需要口腔正畸医生。作为浙大口腔正畸科的青年骨干，她在 2021 年毫不犹豫地报名到第一师医院援疆。

“朱老师不仅帮助我们规范诊治流程，更启发了我们如何关怀患者。她在周末开启正畸专科门诊，就是为了让有正畸需求的儿童和青少年不用请假来矫治。”吴沛沛说。

在浙江省援疆指挥部的支持下，朱嘉珺等医生经充分论证，为第一师医院引入了口腔数字化工作室。3D打印设备一天内便能完成义齿的设计、加工和制作，比传统方式可节省约两周的时间。患者通过一次就诊，牙齿缺损就能得到修复。同时，数字化技术也为隐形矫治这一先进的口腔矫治技术提供了数据支撑。“朱老师为医院引来新技术，更教会我们如何使用新技术。”吴沛沛说。

7年来，第一师医院先后选送近400名中青年骨干赴浙大及6所附属医院进修学习，邀请浙大各医院专家近700人次来第一师医院讲学、指导，“援助一批人才，带出一批人才”成效显著。

在第一师医院新生儿科主任周旭晨看来，医疗援疆的成果也体现在第一师医院科研进步上。她参加了由浙大医学院牵头、第一师医院参与的“出生缺陷综合防治技术的应用示范和评价研究”项目，今年获评第五届中国出生缺陷干预救助基金会科学技术奖中的科技成果一等奖。“我主要负责阿克苏地区新生儿30多项遗传代谢病筛查以及阳性患儿的干预措施，确保新生儿健康成长。”她说。

在浙大医疗团队的共同努力下，近3年第一师医院主持兵团级科研项目5项、师市级科研项目24项、院级科研项目46项，成功创建2个国家级临床医学研究中心核心成员单位，科研能力不断得到强化。

“加快建设智慧医院、引进和培养高层次医疗人才是下一步的工作目标，我们致力于将第一师医院打造成综合实力突出的兵地融合示范医疗高地。”陈大进说。

第一师医院的援疆实践和成效是我国举全国之力，发展边疆医疗的一个缩影。自2016年启动实施医疗人才“组团式”援疆工作以来，各支援医院把握当前和长远、见物和见人、硬件和软件、输血和造血、全面和重点的关系，“带土移植”医疗人才、技术、经验和制度……

而受援医院则获得了充足养分，医疗服务水平显著提升，医院管理模式日益精细，医疗人才队伍持续壮大，医疗组团效益持续释放。

“到祖国最需要的地方去，这令人自豪”“医生把病人当家人，老乡把医生当朋友，这种和谐的关系令人开心”“援疆是人生厚度和维度的增长，是把手艺留下来让更多人去治病救人”“毫不夸张，援疆经历让我的灵魂得到了升华，我们要竭力为边疆医疗卫生事业发展贡献力量”……

浙大援疆医疗队救死扶伤的初心和使命始终不变，他们奔走在沙漠周边的绿洲团场、天山深处的草场村落，守护各族人民群众身心健康，为一个个家庭带来生命的希望。

在受援地患者眼中，浙大援疆医生身上的白大褂，如同阿克苏地区天山最高峰——托木尔峰山顶的冰川一样洁白。

（文：何军 赵晨捷 周晔）

陈亚岗：用医者精诚书写家国情怀

2021 年 12 月 17 日，各民主党派、工商联、无党派人士为全面建成小康社会作贡献评选表彰大会在北京召开，中央政治局常委、全国政协主席汪洋出席并讲话。会上，100 个先进集体、96 名先进个人、50 项建言献策优秀成果、50 项社会服务优秀成果受到表彰。

民进中央委员、省委会原副主委，浙江大学医学院附属第四医院感染科主任、医院发展委员会主任陈亚岗荣获“先进个人”称号。

他从事医务工作 40 余年，是全国知名的传染病学科专家，曾获得浙江省 151 人才称号，成果获国家及省部级多项奖励。他主编的《肝

硬化》、《内科学进展》和《传染性非典型肺炎》等书籍被广泛使用。从被称为医生的那天起，他就把希波克拉底的誓言铭记于心，始终把救死扶伤、守护生命作为己任，恪尽职守，并为之努力奋斗。他尊重生命、崇尚科学、无私奉献的人格魅力不断感染着身边的人。

2003 年“非典”发生时，陈亚岗作为浙江省卫生厅“非典”攻关专家小组成员，始终冲锋在临床一线，获得国家嘉奖。

2009 年 3 月，时任浙大一院副院长的陈亚岗，怀着服务社会的使命和热情，积极响应浙江大学的号召，挑起作为全国首家一流大学在异地建设附属医院的重担，为医院发展及管理模式创新做出卓越贡献，曾荣获全国优秀院长、义乌市医疗事业突出贡献奖等荣誉。

2020 年春节，新冠疫情暴发，已年近退休的他，大年初一起便坚守在浙大四院抗疫一线，指导防控救治工作的开展。不久，他再次临危受命，主动请缨，挂帅出征，担任第三批浙江援鄂医疗队队长，带领全省 310 名战士驰援武汉，先后接管 3 家方舱医院。

在武汉的 49 天，陈亚岗创新了方舱改建、院感防护等工作。他指导完成了黄陂方舱医院、江夏日海方舱医院、袁家台方舱医院等方舱改建工作，其中黄陂方舱仅用 5 天就完成改造并迅速满舱运行。在第二个分舱改建时，他首次提出的“移动设施＋户外场地＋体育场馆”创新模式，改建速度快、可复制、达标准，得到中央指导组、卫健委的重视和肯定。这一创新模式为新冠疫情救治工作带去了浙江智慧，更充分展示了浙江速度和浙江温度。他率领的第三批援鄂医疗队（方舱医院分队），是浙江省数批援鄂医疗队中人数最多、来自浙江省医院数最多、收治患者最多、换防次数最多的队伍，累计参与接管新冠患者 1282 人、治愈出院 1067 人，荣获了“全国卫生健康系统新冠肺炎疫情防控工作先进集体”称号，陈亚岗本人荣获“全国抗击新冠肺炎疫情先进个人”称号。驰援结束返回浙江时，湖北省委专门给陈亚岗发来感谢短信：“湖北人民永远铭记这份过命的交情！”

“年过六十还能再战斗一次，对我来说是一种幸运！”这位平日里语调从容、儒雅翩翩的医者，一直跳动着一颗年轻、炙热的赤诚之心。为国履职、为民尽责，对他来说不仅是一份情怀，更是一种使命。

还记得 2018 年 9 月，在中国医院大会上，陈亚岗获得“优秀医院院长”荣誉称号。当时他刚从浙江大学医学院附属第四医院院长卸任，作为首任院长的他动情地说：“优秀医院是前提，我只是其中一分子。这也激励我们浙大四院不忘初心、牢记使命，始终坚持以人民为中心的理念，用精湛的技术和优质的服务去不断满足广大患者的需求。”

他是这么说的，也是这么做的。

国家深化医疗体制改革之时，曾在全国顶尖的大型三甲医院担任了 12 年副院长的他，本有着稳定的工作和生活，但为了在基层践行与探索关于均质化医疗的理念，主动选择来到义乌，带领团队建设全国第一家诞生在县域的著名大学附属医院。从他担任院长的那刻起，他就明确了浙大四院的基本理念——将优质医疗资源向基层推进，用“均质化”服务理念，打造医院全新服务模式，改善患者就医体验，肩负起公立医院改革和基层医疗资源优化配置的双重重任。

在此过程中，他带领浙大四院建立起标准化的诊疗流程，在门诊严格限号、确保就诊时间、严格医师认证、合理安排医疗建筑设计和空间等方面不断探索，提升了义乌乃至浙中地区百姓的就医体验，重塑了地区医疗标准。他倡导建立的“医路相伴”志愿者团队开启了义乌地区医院志愿者服务的先河。为了心中的理想和愿景，他在义乌一待就没有再走，卸任院长后仍留在浙大四院担任感染科主任，将省级医疗资源牢牢扎根在义乌，把光阴和精力献给了义乌人民。

陈亚岗曾任浙江省第九届、第十届政协常委，浙江省十二届人大常委会委员和义乌市第十三届政协常委。作为民进会员，他认真履行民主党派参政议政的职责，时刻关注社会热点、难点问题，积极建言献策，撰写了多篇社情民意提案，引起热烈反响并得到高度重视。他在提案里反映民情，在发言里反映民心，在建议里反映民智。他从专业角度出发，提出过“政府应加强对传染病专科医院（专科）的专项投入”“关于加强乡镇卫生院人才队伍建设的建议”“关于采取切实可行措施控制我省艾滋病流行的建议”“关于推进欠发达地区乡镇卫生医疗机构向城乡社区卫生服务体系转型的几点建议”，他从基层出发提出“关于加强民间职业剧团及其演出市场管理的建议”“关于加强我省中小学教育对外交流的建议”。在援鄂期间，他在抗疫一线提出“地方政府自行出台一些政策既难实施亦不利疫情控制 专家呼吁在控制新冠肺炎工作中执行统一标准”“紧急呼吁关注进驻方舱医院的狱警群体并加强对其的后勤等保障”等强时效、高质量、有针对性的建议，为疫情防控政策制定、特殊群体保障等提供切实可行的思考，积极履行党派成员的职责。

陈亚岗教授用倾情奉献践行民进人的使命担当，用医者精诚书写家国情怀，心系基层百姓，勤于创新开拓，以实际行动为全面建成小康社会贡献智慧和力量。

（文：金南星）

陈水芳：把最深的情谊写在海西

"留给我们奉献高原的时间非常有限，我们需要倍加珍惜，把最好的技术才华、长效机制与精神风采留给青海。"这是第四批浙江援青医疗队始终不忘的准则。自 2019 年 8 月援助青海海西州人民医院以来，他们用一腔真情焐热了当地老百姓的心，也撰写了这个冬日里最温暖的故事。

当地群众都有陈医生的电话

说到陈水芳医生，海西州的老百姓最常说的一句话是："陈医生我们都认识，他的电话我们都有。”

作为本次援青医疗队领队，来自浙江大学医学院附属第一医院的呼吸内科副主任、主任医师陈水芳带头把私人电话贴在了诊室门口、医院轮椅和自己的微信上。平时工作服务或走村入户时，还会随时给困难户以及需要帮助的群众发送提前准备好的亲情卡片，上面都写着他的联系方式。

在陈水芳的带领下，医疗援青团队 7 位专家都自愿把私人电话写在工作室或诊室的门上，随时接受群众及本土医护人员全天 24 小时的帮扶需求与紧急召唤。按照当地群众的话来说，就是那“一串小小的手机号把我们和医生的距离拉近了，也把我们的心焐热了”。

这是陈水芳来到青海后首推的感动式服务理念。他主动成立院长接待日，进村入户开展义诊，为病人提供医疗服务。初到海西，他便把获评“浙大好医生”的 15 万元奖金捐给海西，还自费近 3 万元购置了 20 部轮椅捐给海西州人民医院供各族群众零手续借用，为急危重症及老弱病残患者提供了极大的方便。

2020 年 1 月，陈水芳在 Z21 次进藏列车上抢救下一个才 7 个月大的重症肺炎藏族小孩，并护送母女一行三人提前在德令哈下车，捐助了 6000 多元救治费用。同年 4 月，他救助了血小板低下伴颅内血肿的回族同胞，捐助了 5000 元。6 月，他全力救助了患骨肿瘤的低保回族残疾少女，帮助其恢复行走，开启崭新生活。

援青专家向医院捐赠仪器

一次次感人的举动谱写了一曲曲民族团结的赞歌。受陈水芳的影响，陈博、吴金彦、尹立军、王一凡、沈森、周书来等援青专家们结合医院学科建设和人才培养需要，也自费 4 万余元向医院捐赠了骨科显微手术器械、腹腔镜专业训练模具、气管镜探查训练模具等一批手术器械和教学训练模具，填补了医院相关器械及专业训练模具的空白。

2020 年，为防疫抗疫，陈水芳没有回家过年，而是与当地所有医护人员一起坚守岗位。2021 年，当青海省疫情防控形势趋紧，浙江医疗援青专家全队请缨，放弃原本由浙江援青指挥部统一安排的回浙休整计划，集体写下一封决心书，要求加入疫情防控第一线。

援青以来，陈水芳先后获评“中国好医生”月度人物、青海省优秀共产党员、浙江大学优秀共产党员、青海省脱贫攻坚先进个人、最美浙江人・最美天使等荣誉称号。这位最远到过西非、最苦赴菲律宾援助救灾、最险参加过两轮抗击“非典”的医生，这次又在浙江以西 2600 公里以外的海西州各地留下足迹，践行着人民至上、服务基层的扎实作风。“要做一个有情怀、有价值的新时代可爱援青人。”陈水芳这样说。

倾情援青结出硬核硕果

2021 年 10 月，由海西州人民医院本土专家通过 DSA 造影确诊的脑干出血患者，在浙大一院脑血管专家的共同帮助下获得治愈和新生。其中创伤中心已拥有 5 位掌握微创开颅手术技术的本土专家，大大降低了脑出血致死致残率；胸痛中心已培养了 2 个有资质的本土专家团队，仅 2020 年就完成介入手术 100 多例，有效挽救了 100 多个心肌梗死患者及家庭；成立了危重新生儿救治中心及 NICU（新生儿监护病房），本土团队已具备独立救治气管插管并应用呼吸机患儿的能力，2020 年保障了 50 多个此类家庭的幸福；还改造了妇产科一体化产房并改进了围产期危重孕产妇评估、诊治与康复流程，有力地保障了母婴安全，纠纷事故数量直线下降。

浙江援青专家陈博带领团队成功开展了当地首例断肢再植并全

拇指再造术，他不仅把先进的手足显微外科及皮瓣移植技术引入海西，而且教会了3位本土医生独立开展显微外科手术，通过技术帮扶发挥精准造血作用。

目前，海西州人民医院本土专家已基本掌握80%以上的三级医院核心技术，广泛开展了无痛支气管镜、无痛胃肠镜、无痛分娩、腹腔镜、输尿管镜、微创颅脑手术、心脑与周围血管介入手术、膝腕关节镜、血液净化、人工肝及机械通气呼吸支持等技术，还相继建成了数个临床诊治中心、全国疑难病多学科专家会诊微信群、浙江援青专家工作室及浙江知名专家工作站，提高了海西州各族群众的医疗保障水平，巩固了脱贫攻坚成果。医院被青海省卫健委现场宣布是首家通过三乙医院复评的医院。呼吸内科被青海省卫健委新增为青海省临床重点专科建设学科。

同时，为了让当地群众在家门口就能享受到普惠可及的优质医疗服务，医疗团队联合阿里巴巴成功开发了海西州移动医疗“一张网”平台。2021年8月5日，海西州人民医院外科薛顺录医师主管的患者，在胆囊术后3天出现糖尿病并发症，薛大夫便通过移动医生平台向浙江营养专家组轻松发送了会诊单，因专家随时可通过手机看到该患者门诊住院时包括检验、检查、影像、护理、病程、医嘱等的几乎所有信息，还可以视频联系医患，所以薛大夫不久就收到了浙大一院营养专家回复的精准优质的会诊意见。

与此同时，团队还创建了涉及医疗、护理、行政、后勤诸方面的现代医院管理移动应用体系，目前已开发了70余条移动高效工作流程，促进了基于“三甲”医院管理需求及质控要求的制度流程无纸化规范管理建设；开发了医院移动、智能、质控三色系统，提升了全院质控监测保障与持续整改能力；有风险操作或疑难疾病诊治移动高效可动态质控流程体系也正在建设中，可谓构建起了医院移动质控系统的“智能网”。

今天，越来越多的海西干部职工、省州群众、援青人才都愿意接受海西州人民医院的体检服务和关键诊疗。来自浙大一院、浙大妇产科医院、浙大儿院、浙大浙江医院、浙江省人民医院及国科大附属肿瘤医院（浙江）等6家浙江省“三甲”医院派出的优秀专家在青藏高原发扬新时代浙江援青精神，把浙江情怀深深写入海西州各族群众的心坎里。

（文：周伊晨 李林冀洁）

陈欣、唐建军：稻香鱼肥好“丰”景

共生、寄生、竞争、捕食，生物之间存在各种各样的生态关系，这也成为人们认识自然界的重要切口。

在浙江大学就有这样一个实验室：2005 年以来致力于首批全球重要农业文化遗产——青田稻渔共生系统的研究，从生物种间的角度揭示了其中的生态学基本原理，并研发保护和提升传统稻渔系统的关键技术，在大江南北稻作区不断探索、改进和推广。

这就是浙江大学生命科学学院陈欣教授和唐建军教授夫妇领导的 101 实验室。

究天人之际，躬身一线找寻规律

稻渔共生是利用稻田浅水环境将水稻和“鱼”种养在同一空间。田还是那块田，水还是那漾水，稻和“鱼”能否互促，需要科学和智慧。

陈欣一直在思考，想从千年尺度中找到稻渔共生的密码，进而为当代的综合种养找到思路。“只有摸清原理，才能研发新技术、提高效率。”她说。

2005 年起，团队就在丽水、温州两个市的 8 个县开展定点研究，对 31 个村开展了长达 5 年的科学观察。用生态学的方法，研究以稻渔共生系统为代表的种间关系、机理，进而开发出成套的稻渔共生关键技术。

开展入户调研，记录农民们的生产过程、各种投入和收成，是这项研究的重要基石，因为稻渔共生系统是农民世世代代传承下来的农作方式，秘密和细节都在农民手中。

方言第一关，访谈有技巧。“要真正得到有效的信息，就得通过拉家常的形式开展访谈。”陈欣介绍，不光要问，他们还查看生产资料的包装袋，记录主要化学成分，走访乡间生产资料店，“科学研究要严密，需要综合多方面证据才能正确研判。”

走得深、问得实、看得细。到村里开展研究，大家都说浙大师生比农民还能吃苦。观测需要定时定点：太阳当头，别人已去消暑，浙大团队却挥汗如雨观测；大雨滂沱，别人已去躲雨，浙大团队却要争分夺秒地观测和取样。

与此同时，团队还有一片定位观测试验田，“五一”到“十一”的这几个月里，是实验室最忙的时候，从插秧到收割，他们都亲力亲为。“播种和收获季节是最忙的。”陈欣说，实验室的研究生们都非常能吃苦，但也正因为经过了这样严格的田间训练，练就了独当一面的能力。

通古今之变，科学阐明古人智慧

2011年，陈欣、唐建军团队在国际知名期刊上发表了论文，揭示了物种间的正相互作用及资源的互补利用是稻渔共生系统可持续的重要生态机制。“地方上很多经营主体以前也走过一些弯路——他们一味地提高田鱼的养殖量，而忽视了水稻和鱼的共生效应。”陈欣说，要从生态系统的维度去思考古人的智慧，让稻渔共生能够可持续发展。

随着研究的深入，成果迭出。2018年，浙大团队研究揭示了“青田稻渔共生系统”遗传多样性保育机制。“我们的研究显示，稻渔共生系统对生物资源的保护具有积极意义，能够促进田鱼遗传多样性的保育。”

理论研究越深入，对实践的指导意义就越显著。浙大研究团队提出了稻渔复合种养的共性关键技术，创建出优化配置稻渔复合种养系统的技术通用模式。

“稻渔共生系统需要给鱼留一些空间，用来给鱼栖息。”陈欣说，然而沟坑设在哪里、设置多大，业界却一直没有一个基于科学研究制定出来的标准。2017年，团队通过田间试验和数学模型提出沟坑标准，即沟坑面积之和不能超过稻田总面积的10%。这一参数一经提出，旋即成为行业标准的关键技术参数。

很快，团队开发出了相应的APP，供农民和管理部门免费使用，农民只要通过智能手机就能迅速算出自家的田块应该设置多大的沟坑。

“大胆假设、小心求证”，这是陈欣放在办公桌前的座右铭。在政策咨询、指南编制中，她认为要用科学结果去支持。他们在我国南北稻作区的 18 个省市，设置定位试验点、长期观测点、取样调查点，通过大量实验结果，为国家产业决策提供科学依据。

而唐建军则用“见人人之所见，思人人所未思”勉励自己，要踏实科研，潜心育人。他们提出的“稻渔综合种养生态系统构建、技术规范与应用”研究成果，获得教育部科学技术进步奖一等奖和神农中华农业科技进步奖二等奖。

助万家之富，有稻渔的地方就有他们

这种稳粮增收、环境友好的稻渔生态综合种养，一时间成为巩固脱贫攻坚、推进乡村振兴的重要抓手。

其中，便有陈欣、唐建军团队忙碌的身影。在宁夏贺兰县稻渔空间，7 年来陈欣和唐建军每年都要带着学生来这里开展研究，提出科学对策。陈欣说：“在这里，我们实现了水稻和水产动物的和谐共存，为探索农旅结合做出了积极贡献。”

2018 年至今，陈欣带领团队到广西三江侗族自治县指导农民利用田鱼地方种群发展稻渔共生产业，帮助农民脱贫致富。“陈老师团队帮助当地挖掘出品质优秀、适于稻田快速生长的类群，为稻渔产业发展提供了保障。”在陈欣的指导下，返乡创业的大学毕业生韦文俊建立“三江稻田鲤鱼原种扩繁中心”。他说：“陈欣教授团队稻渔共生系统的关键核心技术，为助力乡亲们脱贫攻坚做出了重要贡献。”

仅 2017 年至 2019 年，他们就与全国水产技术推广总站及全国各地农技、渔技推广部门一道，为技术骨干和农户累计培训约 1048 场，共计 82652 人次，开展现场技术指导和咨询 840 场，受众约 21439 人次。老百姓说：“有稻渔共生系统的地方，就能见到浙大团队的身影。”

一条稻渔路，一路艰险情。稻渔共生系统在红少边穷地区最有推广价值。他们所到之处经常是山路崎岖、气候无常。2016 年在去贵州黔东南乡下采样的路上，他们的队伍遇到了暴雨引发的泥石流，一块巨大山石滚落到他们的车前，感觉只差不到一秒钟就要被砸中了。“出发时还是晴空万里，没想到差一点天人永隔。”唐建军说。

2019 年 5 月底，他俩带领团队不顾暴雨倾盆，在湖南怀化辰溪县仙人湾瑶族村寨开展入户指导和田间取样。为了招呼学生，陈欣因为雨天路滑一个趔趄从斜坡摔下，直接就晕了过去，等再醒来时已经是在当地医院里，到了杭州才知道摔断了骨头。

正是因为这样不惧艰险，陈欣、唐建军团队才将研究成果不断地在浙江、安徽、湖北、福建、广西等省区推广，仅过去 3 年大面积推广示范田就有近千万亩，为农民新增利润约 160 亿元。

采访的这两天，陈欣获批担任农业农村部“科创中国”稻渔生态种养产业服务团团长。她又要前往宁夏、广东、广西等地，推动科技成果转化应用，促进千年古法展新机。

（文：柯溢能）

黄晓艳：潜心助力祖国高铁事业发展

潜心科研、为国育才，这是黄晓艳在学成回国时为自己定下的两个目标。归国十余年，这位浙江大学电气工程学院教授离梦想越来越近。

2009年，我国首条具有世界一流水平的长距离干线高速铁路武广高铁正式开通，这让刚刚在英国诺丁汉大学取得博士学位的黄晓艳心潮澎湃。

她拒绝了多个国外就职邀请，拨通了浙江大学时任电机工程学系系主任沈建新的电话:“我想回到母校,为祖国高铁事业发展贡献力量。”

黄晓艳的父母、祖父母都是共产党员。冲锋在前、为国奉献的精神从小影响着黄晓艳。

2011年,黄晓艳和所在科研团队开始承担研发永磁牵引电机的科研任务,这是一种体积小、重量低、能量利用效率更高的牵引电机。当时,我国高铁电机的主要技术来源于国外,急需自主研发更加高效的电机填补技术空白。

面对全新的领域,黄晓艳与研发团队摸索前进。第一台永磁牵引电机样机接入试验台进行实操模拟后,不断冒出来的问题一度让他们应接不暇。

“世界上第一台大型双水内冷发电机研发团队成员、载人航天环控生保系统电气动力装置研发团队成员都是浙大电气工程学院的老教授们。他们敢为人先、百折不挠,在艰苦条件下实现重大突破,是吾辈榜样。”黄晓艳说。

她和团队没日没夜地待在生产测试车间里,顾不上吃饭、休息,不断在试验台前测试数据、总结复盘……

2015年,我国首列“永磁高铁”通过了整车首轮线路运行试验考核。这意味着我国高铁动力发生了革命性变化,成为世界上少数几个掌握“永磁高铁”牵引技术的国家。

看着正式载客运行的“永磁高铁”,黄晓艳备感欣慰。

2020年,黄晓艳递交了入党申请书;2021年,她在嘉兴南湖边庄严宣誓加入中国共产党。黄晓艳热泪盈眶地说:“心中有信仰,脚下有力量。”

在潜心科研的同时,黄晓艳还将教书育人视为神圣使命。她担任了四届本科生班主任，悉心引导学生求知探索，在他们心中播撒家国情怀的种子。许多学生在她的鼓励下，选择了服务国家所需，在专业领域继续深造。

博士生陈卓从大三开始跟随黄晓艳做研究，他说："遇到问题时黄老师会耐心引导我，同时彼此之间也能互相启发，常常一起做实验到晚上十一二点。"硕士生胡启超表示："在迷茫的时候，我们喜欢找黄老师聊天。她总是鼓励我们勇于试错，鼓励我们在失败中学习进步，增强攻坚克难的勇气。"

在学生们眼中，这位笑声朗朗的"大学姐"仿佛有着使不完的劲儿：和学生们分享求学时的切身感受，讲解"永磁高铁"的研究难点与突破点，介绍电机技术如何助力航空航天的发展，带领学生走进新安江水电站、走进科技企业，讲述一代代共产党人在科研、教育领域耕耘奉献的故事……

2021 年，黄晓艳主动承担了电机工程创新实践新课《机器人关节电机》的教学任务。她花了 10 个月的时间精心备课，一对一指导选课的学生完成创新设计。

"我希望通过自己的努力，培养出对接国家战略、走在世界前沿的人才。"黄晓艳说，"我觉得，只有将自己的理想与国家需求相结合，才能真正实现个人价值。"

（文：朱涵 吴梦）

徐永明：用科技手段激活古籍瑰宝

打开浏览器，登录“智慧古籍平台”，可在线查阅4.4万篇古籍。平台上除了著述、篇目详情等基本内容外，还有著者小传、人物行迹、世系图及社会网络关系图等延伸信息，全面立体地展现古籍内容，满足读者一站式查询、阅读与研究需求。

这是由浙江大学文学院徐永明教授及其团队打造的人机交互式智慧数据共享平台。它将中国古典文献和研究成果图谱化、智能化，集浏览、查询、研究、欣赏于一体，通过科技赋能，让古籍知识变得“触手可及”。

科技赋能，推动古籍资源“上线”

在浙江大学文学院，记者见到技术团队负责人徐永明时，他正专心致志地坐在电脑前，忙着审核已完成校对的古籍篇目并准备上线发布……

“目前平台已上线著述总字数约700万。”说罢，徐永明招呼记者上手体验。在“智慧古籍平台”，古籍内容按“著述导览”“篇目导览”“著者导览”等板块分类呈现，界面设计古典雅致、功能齐全，令人眼前一亮……

“平台引入知识图谱理念，综合运用大数据进行计量统计、定位查询、聚类查询等，让读者轻松便利地获取古籍知识。”徐永明边演示边介绍，点击“篇目导览”按钮，即可进入文本阅读界面，“文本阅读是本平台的特色功能，为提高文本的真实性和准确性，平台提供了古籍图片与古籍数字化文本一一对应的功能。”

不仅如此，“智慧古籍平台”还有许多其他亮点：为降低阅读时查阅相关资料的频率，平台提供了关键字词释义功能，文本中重要信息及疑难词按照人名、地名、职官、时间、典故等不同类型以不同颜色显示，点击即可查看释义；借助地理信息系统软件，结合在线地理信息系统，古籍中留存的地理信息实现了可视化，点击著者详情，即可查看所链接的人物行迹图……

而提及地理信息可视化，不得不提徐永明团队的另一个平台——“学术地图发布平台”，其中汇集了李白、苏轼等500多位中华历史名人的行迹图、《全元诗》作者分布图等各类学术地图……“其实这个平台的开发时间比‘智慧古籍平台’还要早一些，是中国首个综合性学术地图平台。”他介绍，平台迄今已发布1600余幅地图，共有70余个国家100万读者的访问量。

综合利用这两个平台，徐永明团队将文史数据与数字地图相结合，极大地丰富了阅读体验，提升了读者对古籍知识的综合认知。

隔行如隔山，在学科交叉中解决技术难题

在徐永明看来，完善丰富的前端体验少不了强大的后台技术支持。“比如，要将古籍图像中的文字转换成文本格式，就需要OCR识别，即‘光学字符识别’技术。平台现用的OCR技术能较为精确地识

别版刻古籍，准确率高达90%以上。"他向记者科普起来，"再如，借助计算机学习技术，平台采用的'机器古籍标点技术'，可根据特定算法为古籍文本自动标注现代中文标点符号，准确率也稳定在90%以上。"

"但正所谓'隔行如隔山'，仅靠我一人无法建起这个平台，需要许多相关专业人员的支持。"他介绍，作为项目负责人，从2020年项目立项以来，他找来浙江大学计算机科学与技术学院、地球科学学院和校图书馆等相关学院和部门老师，组建起一支20余人的技术团队。

其间，曾遇到不少难点。"比如，前期需要不断跟第三方公司磨合，解决前、后台页面设计，框架布局，功能模块等问题；到了后期，我们更换了合作方，又得重新磨合，主要解决地域导览、编辑器、智能OCR服务引入等相关问题。"徐永明说。

缘何要研发这样的古籍知识大数据平台？徐永明坦言，这跟自己早年的经历有关。20世纪90年代末期，他曾在浙江图书馆古籍部工作过一段时间，目睹了读者来看古籍善本有多不方便，比如只能抄录，复制的话也要经过许可，且费用很贵。

在他读博期间，国内还没有出全文检索的《四库全书》电子产品。那时，他写作博士论文材料，都是靠自己翻阅原书，一条一条抄录。这些经历让徐永明深深地感到，纸质文献难以保存传播，古籍信息存在"孤岛化""碎片化"现象。"如今，数字技术发展日新月异，我们便琢磨着能否将大数据技术与古籍进行深度融合，为传承中华优秀传统文化探索新的可能。"

在"学术地图发布平台"开发阶段，面对界面不美观、操作不方便、功能有限、经常出现程序故障等问题，文科背景出身的徐永明开始了他的自学Python（计算机编程语言）开发之路。他时常在朋友圈发布学习编程的动态、用Python完成的各种小成果、自己编写的代码，等等。

面对海量数据，徐永明善于利用团队的力量，“过去整理古籍，主要是个体作业，以书为单位，不能修改、不可关联，效率不高。”他说，“现在，我们将古籍整理任务通过勤工俭学、暑期社会实践等形式，遴选相关专业的学生、专家，线上线下一同参与，努力发挥集体的智慧。”

推动古籍阅读普及化，激活学者成果

浙江大学中国古代文学专业的博士生郝亚洁认领了新任务：对《徐文长文集》《吟香室诗草》等古籍的OCR校对结果进行二次审核。

“根据平台不同时期的需求，我的工作内容的侧重点都有不同。”郝亚洁介绍，“比如，在平台建设初期，同学们主要负责数据上传整理。数据一般以一部文集为单位，需要制作目录文件把文集的文字内容按照篇目和影像一一对应。”后期，郝亚洁则负责OCR识别和机器标点校对后的人工审核等工作。

全程参与“智慧古籍平台”建设，让郝亚洁受益匪浅。她说：“之前学过的Python计算机编程语言，一直没机会实践；现在的校对环节，用Python代码检查不仅帮了我大忙，更体会到了什么叫‘活学活用’。”

平台运行至今获得各方好评，但徐永明坦言，“智慧古籍平台”建设任重道远，想要把浩如烟海的中华古籍资源利用起来，还有很长的路要走。“我们的初衷很简单，就是想为读者扫除古代文献阅读障碍，推动古籍阅读普及化，激活学者的研究成果，突破学术壁垒，将前沿的学术研究成果转化为社会大众共享的文化资源，同时改变‘数据在中国，数据库在国外’的现象。”

面向未来，徐永明团队定下了新目标：利用“智慧古籍平台”进一步推进古籍数据资源的整合和开放共享，用智慧化手段为中国古代典籍资源争取“主动权”，让古籍资源从“活下来”真正转变为“活起来”！

（文：江南 窦瀚洋）